会说话的女人最优雅

HUI SHUO HUA DE NV REN ZUI YOU YA

米苏·编著

民主与建设出版社

图书在版编目（CIP）数据

会说话的女人最优雅 / 米苏编著. —北京：民主
与建设出版社，2014.7（2017.8 重印）
ISBN 978-7-5139-0359-2

Ⅰ. ①会… Ⅱ. ①米… Ⅲ. ①女性–口才学–通俗读
物 Ⅳ. ①H019-49

中国版本图书馆 CIP 数据核字（2014）第 120875 号

责任编辑	李保华
封面设计	颜　森
内文排版	刘　伟
出版发行	民主与建设出版社
电　话	（010）59417745　59419770
社　址	北京市朝阳区阜通东大街融科望京中心 B 座 601 室
邮　编	100102
印　刷	固安县保利达印务有限公司
成品尺寸	170mm×230mm
印　张	17.5
字　数	190 千字
版　次	2014 年 7 月第 1 版　2017 年 8 月第 8 次印刷
书　号	ISBN 978-7-5139-0359-2
定　价	29.90 元

前　言

亚里士多德曾经说过："漂亮比一封介绍信更具推荐力，也更容易被人们所接受。"

出色的美貌对女人而言，无疑是一项无声的竞争力，在事业和生活上，漂亮的女人往往也更容易得到绝佳的机会。可惜，有一个现实我们不得不面对：世间与生俱来的美丽女人并不多，放眼望去，穿梭在人群中的芸芸女子，多数都是相貌普通的凡人。可这并不意味着，她们的人生就是暗淡的，生命里就没有绚丽的色彩。因为，与美貌相比，良好的口才也是令女人脱颖而出的资本，而且它所蕴含的魅力，远比外表上的美更深邃、更有吸引力。

或许，你也曾在街头巷尾，甚至是在高档的咖啡馆、餐厅里遇到过这样的女人：模样标致，服饰新奇，可一开口却满是污言秽语，丝毫没有素养可言，与其外表的美形成了巨大的落差，这样的女人，纵然美若天仙，也不可能博得众人的欣赏、喜欢和尊重。

当然，也有些"别样"的女人：其貌不扬，穿着普通，言谈间却带着一股如春风般温暖的气场，让人听了不自觉地就动了情，深深地被她吸引。她们不管在什么样的场合，面对什么样的人，都能够妙语连珠，用合适的语言和姿态博得满堂彩。这样的女人，纵使荆钗布衣，依然不掩美丽。

对女人而言，美貌是有限的，总会跟随岁月的流逝而淡去，同时也是不可强求的，毕竟有遗传的基因左右。相比之下，口才没有期限，就算天生不具备舌灿莲花的本事，依然可以通过后天的培养修炼出来。

现代女人不同于过去，生活的内容不再局限于单调的"相夫教子"，可以说，在社会的各个行业、各个角落，都有女人的飒爽英姿。然而，当女人走出家庭、走进社会之后，对自身能力的要求也比从前高了许多，要与形形色色的人相处，要处理好职场、商场的种种事宜，每一样都离不开良好的口才。谁能把话说得恰到好处，说进别人的心坎儿里，谁就能成为生活的宠儿。

一个会说话的女人，能通过口才给人以愉悦感，从而得到他人的尊敬；一个会说话的女人，能让陌生人相互产生好感，成为朋友；一个会说话的女人，能让相互熟识的人情更浓、爱更深；一个会说话的女人，能让有分歧的人相互理解，让彼此怨恨的人化干戈为玉帛。

别惊叹，别不信，这就是口才的力量。

会说话，是女人在纷繁复杂的社会中无往不利和创造奇迹的基础，谁懂得运用说话这门艺术，谁就能成为受人青睐的对象。当然，女人的好口才不是一蹴而就的，需要通过敏锐的洞察力去感悟，在零零碎碎的生活片段中不断地去搜寻、提炼，最终将它们与自己的生活融会贯通。

为了帮助女性朋友更方便、更快捷、更系统地掌握说话的艺术，我们精心策划了这本书，它从魅力的谈吐、分寸的把握、赞美的艺术、拒绝的技巧、尴尬的处理、幽默的方式以及职场和家庭说话之道等方面，提供了全面而具体的方式和方法，流畅的文字与实用的方法相结合，让女人在闲暇放松之余，体会口才的进步。

世人常说，会说话的女人说得人"笑"，不会说话的女人说得人"跳"。但愿，在这本书的帮助下，每个女人都能够从中有所收获，让说出的每句话都像一颗甜丝丝的糖果，令人甘之如饴。

目　录

第一章　优雅的谈吐，深得人心的魅力

女人要随时注意自己的言行举止，开口温润有礼，保持应有的涵养和温文尔雅的气质，把锐利的谩骂、叫嚣、狠话统统过滤掉，让说出的每一句话都含蓄温婉。这样的女人，走到哪儿都会受人尊重。

第二章 不一样的话，赢得不一样的心

真正有素养、会说话的女人，不管是在公共场合发表演讲，还是在私下里与人随意交流，始终都会注意说话的对象是什么人、什么身份，绝不会想说什么就说什么。唯有见什么人说什么话，让思想走在语言前面，才能创造和谐、融洽的气氛，获得好人缘。

第三章 "话儿"美不美，全在分寸之间

世上有不同的人，就会有不同的禁忌，女人在社交中，一定要管好自己的嘴，逢人且说三分话，未可全抛一片情，有的话不宜说得太明朗，有的话不可说得太尖刻，所说点到为止，话到嘴边含半截，响鼓不用重槌敲，皆为说话分寸之大理。

第四章　不经意间流露的赞美，没有人会拒绝

女人不要只专注于自己的优势和成就，没有谁愿意听他人夸夸其谈，反复述说自己的风光；留意别人在谈论什么话题时最兴奋，那一定是他最得意、最引以为豪的事，抓住这一点，大加赞赏，一定可以润滑你的人际关系，让你处处受欢迎。

第五章 有感情的声音，犹如一缕温暖的阳光

别人难过时，送去最贴心的安慰；别人失意时，送去最积极的鼓舞；别人不幸时，送去最舒心的理解。把语言当成沟通的纽带，用真诚感动身边的人，当女人如春风般温暖时，她所遇到的人，也将回赠她一抹阳光般的微笑。

第六章 欢声笑语之中，化作幽默的天使

英国作家霍雷斯·沃波尔说过："世界对那些肯用脑的人来说是喜剧，对只凭感觉的人则是悲剧。"说话幽默反映的是女人对待生活的态度，是一种对自身力量充满自信的表现。幽默的女人给别人以亲切感，善于运用幽默的女人，身边的人自然会被她睿智的内心世界所吸引，愿意向她靠拢。

第七章　穿过荆棘丛，不失风度地摆脱尴尬

尴尬局面的出现，往往是刹那间的事情，如果缺乏镇静，就会大惊失色，或是缺少智慧与口才，那只能是手足无措，乱上添乱。遇到这样的场合，女人一定要保持镇静，随机应变，或是巧妙地转换一个话题，或是风趣地自嘲化解危机。

第八章　轻启朱唇，把"刺耳"变成"悦耳"

当别人发出的请求让自己感到为难，想要拒绝时；当自己有了意见，却不知道该如何开口时；当别人做错了事，你又不得不开口提醒和批评时；当不速之客一直与你闲聊，而你恰好还有其他安排时……面对这些，女人要学会委婉地给话裹上一层"糖衣"，让刺耳的话变得悦耳，就不用担心遭到他人的记恨了。

第九章　智言妙语的玫瑰，才可以常开不败

身在职场，想要如鱼得水、游刃有余，就要做一朵智言妙语的玫瑰，知道该用什么样的态度与人说话，知道什么话可以说，什么话坚决不能说。深谙这些说话的潜规则，才能平步青云，受人喜欢。

第十章　说一场风花雪月，说一世安稳幸福

卡耐基说过："一个女人把全部的时间和精力奉献给她的家庭，她所扮演的角色，在一个星期之中所需要的各种才华，远比一个女演员在一次职业表演中所需要的各种技艺更多。"会说话的女人，会让自己化作家里的一朵解语花，成为最贴心的伴侣、最亲切的女儿和最知心的母亲。

第一章
优雅的谈吐，深得人心的魅力

　　女人要随时注意自己的言行举止，开口温润有礼，保持应有的涵养和温文尔雅的气质，把锐利的谩骂、叫嚣、狠话统统过滤掉，让说出的每一句话都含蓄温婉。这样的女人，走到哪儿都会受人尊重。

文雅的谈吐，是有修养的体现

男人一走进咖啡馆，目光便不由自主地被斜对面的一位女子吸引了。她模样出众，神色迷人，十分妩媚，静坐在角落。他像欣赏风景一般欣赏着眼前的画面，只是这种安静和惬意很快随着一阵刺耳的声音灰飞烟灭了。

那位漂亮的女子拨通了电话，一口浓重的地方口音，分贝惊人的高，语态粗俗，全然不顾咖啡厅里的其他顾客……霎时间，男士扭过了头，对这位美女的好感，一落千丈。

语言是女人裸露的灵魂，是思想的衣裳。谈吐优雅、声音悦耳的女人，纵然荆钗布衣，也会给人以落落大方、秀外慧中之感；而口无遮拦、嗓音高调的女人，穿着再怎么雍容华贵，也难以掩盖其肤浅的灵魂。若在只闻其声、不见其人的情况下，女人的谈吐更是直接反映出她的个人修养与内涵，高雅与粗俗，就在开口的一瞬间。

一位年近五旬的著名音乐家，会见了一个20岁的女作曲者。也许是年轻气盛，女作曲者喋喋不休地谈论着自己和自己的乐曲。音乐家很认真地听完她的讲述，说："20岁时，我认为自己是个伟大的作曲家，总是谈'我'；25岁时，我就谈'我和莫扎特'；40岁时，我已经谈'莫扎特和我'了。"

音乐家没有直言女青年说话轻浮，却从侧面反映出了他内心的真实看法：年轻人说话不要太"狂妄"，不要以"我"为中心，这不能让人对你另眼相看，反而会透露出你的浅薄。

可见，说话看似是一件微不足道的小事，却直接影响着女人的形象，以及他人对自己的态度。说话过于刻薄、狂妄、粗俗，都会令人对你的人格产生质疑，即便你是有口无心。相反，明事理知进退，说话理性而谨慎、聪慧且贤达，这样的女人总是更受人欢迎。

那么，女人该如何用言语展示出丰厚的涵养，以及温文尔雅的气质呢？

不讲粗话。有时，不经意间冒出的一句污言秽语，就会让女人苦心经营的端庄秀丽的形象顷刻间垮塌，让人忘了她所有美好的东西，而单单只记住这句粗话。不管面对什么样的人、处理什么样的问题，都要控制自己的情绪，气急败坏、轻易动怒往往显示自己的心虚、浮躁。你可以准确地说出你的想法，也可以辩驳别人的观点，言辞可以激烈，但神态一定要斯文温和，切不可咄咄逼人、口无遮拦。

优化口头禅。几乎每个女人都有自己的口头禅，往往在不知不觉间就脱口而出。然而，它就跟女人的外表一样，直观地反映出个人形象。口头禅说的是什么，体现着女人的文化素养，会让人习惯性地将"话"和"人"联系在一起。比如，习惯把"您"、"谢谢"、"抱歉"、"劳驾"这些有教养的词汇挂在嘴边，可以让人感觉到这个女人举止文雅、有素养。再如，总把"没意思"、"很烦"、"无聊"挂在嘴边，会让人感觉到一种颓废、厌倦之感。倘若开口就说"神经病"、"疯子"，更是让人觉得粗鲁无教养，避而远之。

不急不躁缓开口。说话不急不躁、语速慢、声音低，在自然和舒适中可以透出女人别样的风情。那些分贝极高、说话噼里啪啦的女人，往往会给人以泼辣粗俗的感觉。与人交谈时，清晰有力、不急不躁，显得更加稳重和优雅，也更能引起别人的重视与尊重。

过滤伤人带刺的话。尖酸刻薄的话，会让女人显得恶毒而恐怖，没有一丝宽容与温润。所以，说话前一定要三思，把那些锐利的谩骂、叫嚣、狠话统统过滤掉，让自己说出的每一句话都含蓄温婉，学会用智慧去回击那些在言语上伤害自己的人，有条有理，温和大气，绝对比叫嚣更让对方难堪。

有自己的主见和看法。语言直接反映着内心，内心独立自主，才是女人活得漂亮、活出自我的根本。在与他人谈话出现分歧的时候，女人不能一味地迁就他人、委屈自己，也不能人云亦云，或是因为他人的言辞而轻易动摇，这样会给人以懦弱、没有主见的印象。要学会有选择性地采纳意见，把不符合自己原则的部分剔除掉，让别人明白自己的意图和看法，用委婉的语气告知对方，既表达了主见，又不过于强势。

不要热衷于八卦。每个人都有好奇心，但好奇的事最好不要通过自己的嘴巴讲出来。那些搬弄是非、揭人隐私、散播小道消息、四处嚼舌的女人，往往都会惹人反感。况且，终日里说是道非的女人，也很难交到有品位的朋友，很可能在不经意间就被他人利用，引起周围人的戒心和侧目。

概言之，女人要随时注意自己的言行举止，开口温润有礼，保持应有的涵养和温文尔雅的气质，让人不敢轻视和冒犯，赢得更多的尊重。如此，才称得上优雅高贵。

轻轻的一句寒暄，让人如沐春风

播种之前，人们会对土地进行翻整，为的是给种子提供一个适合萌芽的环境。

在人际交往中，要让谈话愉快地进行下去，同样也需要营造氛围。不管是偶然相遇搭讪，还是有事相聚深谈，那些懂得巧妙寒暄的女人，往往三言两语就能让对方萌生好感，拉近彼此的关系。

陈小姐是一家电子商务公司的销售主管，她很少在客户面前夸夸其谈，可那份亲切诚恳的气质和绝佳的口才，却赢得了上百位客户的心。

提起约见客户，公司一位新进的女业务员心理压力很大，总是跟陈小姐抱怨，不知道见面时该跟客户说什么，像平常一样打个招呼说声"您好"，显得太没新意；贸然带着礼物上门，目的性又太强。

言传不如身教，陈小姐在一次出差时带上了这位女下属。那是一项棘手的任务，公司给对方提供的方案，对方看了之后不太满意，看架势是不太愿意合作了。陈小姐此次去的目的，就是说服对方，挽回合作的机会。作为业务代表，女下属心里一直忐忑不安，她心里想着：去了之后说什么呢？跟对方道歉？如果他们咄咄逼人，该怎么办？

抵达A市后，接待她们的是对方公司的副总。见到客户，陈小姐说的第一句话是："林总，我得先谢谢您，在我生日的这一天，让我又回到了自己的家乡。"那位副总是A市人，听到陈小姐这么一说，顿时觉得亲近了许多。两个人聊起A市这些年的变化，甚至还谈起了当年读书的学校，随行的女业务员听得入木三分。最后，还是林总主动说起合作的事，在此之前两个人已经聊得如此投机，合作的事很快就达成了一致。

出差回去的途中，女业务员不禁对自己的女上司刮目相看。从前，只觉得她为人亲和，现在才知道，她在业务上也很出色，面对陌生的客户，通过一番寒暄就拉近了彼此间的距离，确实不简单。

听着下属的恭维，陈小姐会心一笑，故作严肃地说："我可不是为了让你夸我，才带你来的啊！就是想让你知道，谈话是需要氛围的，在正式交谈之前，要说上几句寒暄和问候语，这样能让不相识的人相互认识，让不熟悉的人相互熟悉，让严肃沉闷的氛围变得轻松活跃。"

的确，谈话需要融洽的氛围。这种愉快的氛围，有时会在不经意间产生，有时需要故意营造，但无论是哪一种，都力求自然，切忌生硬。会说话的女人，往往在谈话之前就对谈话者做了充分的了解，就像陈小姐感谢对方有机会让自己回到出生地，看似是无意间的脱口而出，实际上她肯定早就了解了对方的一些情况。越是表现得自然、真切，越是能给人出其不意的感觉，无形中缩短了心理上的距离。

生活中，不少女人对"寒暄"的印象是模糊的，只知道与人见面时该问候几句，找个"话茬儿"，但具体该说什么、怎么说、在什么样的场合下说，却不是很清楚。

吴女士提起她遇见的一件事，气愤不已。她曾经注册了一家鞋帽店，后来转让给朋友，需要到税务局去办理注销手续。税务局有个会议室，专供办事的人休息使用。排队的人很多，她只好坐在那里等。

不多时，邻座的女士开始跟吴女士打招呼，问她："您也是来办事吗？办理什么业务？"吴女士如实告知，说自己是来办税务注销的。不料，邻座的女士却说："注销啊？来办这项业务的人不多，多数人都是来申请税务登记，要么就是来买发票。这里就跟结婚登记处一样，办结婚的人多，办离婚的人少……"

本是一句无心的话，却惹得吴女士一脸尴尬。她之所以注销鞋帽店，就是因为刚刚跟先生办理了离婚手续，这家店是两个人共同开的。邻座的女士大概也意识到自己顺嘴说的这句寒暄的话，让吴女士很不舒服，脸上露出了一丝歉意，可又不知该怎么开口道歉。看出邻座的女士是无心的，吴女士只好假装翻看资料，不再看对方。后来，邻座的女士以去卫生间为由，暂时离开了座位。

可见，寒暄不是随意说上两句话就可以，也需要一定的技巧。说得不妥当，就可能弄得别人跟自己都很尴尬。

寒暄要选对时机。不是任何时候寒暄都适宜，至少要看对方是否有空闲时间，不要让自己的寒暄打扰到对方。

比如，电梯里遇到同事，按道理说应该寒暄，如果此时对方正发着短信，你大可不必打扰他，若有目光的交会，微笑示意就可以了。

寒暄要选对内容。寒暄带给他人的感觉应当是亲切、温暖、带有问候性的，所以很强调场合和双方的实际情况。比如，护士与正要出院的病人碰见，因有过几日的相处，彼此间也熟悉了，临走时不免要寒暄一番。此时，护士最适合说的话就是："出院了，您多多保重，加强锻炼和保养，情况会越来越好。"病人听了之后，心里肯定是高兴的，因为这番话带着嘱咐和祝福，温暖人心。

寒暄要适可而止。简单的一声问候，三言两语的寒暄，能够让对方感觉到自己的友善，就已经很好了，不一定非要长篇大论。而且，还要多留意对方的表情，看看他是不是感兴趣，如果他有其他事，或者明显不认可你说的，那就不要再说下去了。

　　绝大多数情况下，一颗善解人意的心，到哪里都会受欢迎。寒暄，就像是一颗润喉糖，不经意间，就能带给人清凉舒爽的感觉，女人何不随时把它带在身边呢？

低调与沉默，好过华丽的炫耀

提及歌手王菲，多数人对她的印象都是那一副空灵的嗓音，在繁华的世界唱着那首超凡脱俗的《传奇》，却很难想起她说话的样子。作为一线明星，她很少接受访问，很少说话，但这并不影响她的魅力。相反，少言寡语、适当沉默的她，倒是更多了一份沉稳和神秘感。

想来也是，身处那样的位置，时常会被人问及各种不好回答的事，说多说少可能都是错，所幸不如不说。回到生活中，女人虽不必像明星一样，说话做事处处小心翼翼，可也该懂得思想与内涵远比嘴巴上的炫耀更令人欣赏。那些总是喜欢在言论上夸耀自己，意图从气势上压倒别人的女子，往往会给人一种浮躁的印象，哪怕长得很漂亮，可始终让人感觉美得空洞。

肖娅独来独往惯了，没什么朋友，这些年来一直如此。倒不是她刻意拒绝别人，而是很少有人受得了她的个性。现在的她，在一家外企任职，工作能力无可厚非，唯独人际关系仿若坚冰，没有能说上话的同事。

刚入职时，她在商务中心做接线员，因为外语表达能力强，很快就被调到了人力资源部做人事专员。升职加薪，无论在哪个公司，都是常见的事，低调地享受自己付出换来的回报，不是挺好吗？偏偏，肖娅摆出了一副不可一世的样子，举手投足间都透出一股傲气。

人事专员主要负责招聘等事宜，每次有新人来面试或者办理入职，她必定会在背后指责新人的不足："枉她还是重点大学毕业，六级都没过"、"穿着打扮真让人无语，怎么走进这写字楼的"、"让她填个信息，问东问西的，自己不知道想想吗"……最初，同事听到这些话，也还礼貌性地给予一点儿回应。可谁都知道，背后这样议论别人不是什么好事，况且人家学力高低、穿衣品位如何，都是人家自己的事，多说无益。渐渐地，办公室里就只剩下肖娅盛气凌人地标榜自己、贬低别人的声音。

言多必失，此话一点不假。果然，有一次肖娅在"评议"新来的秘书时，被上司马汀听到了。马汀对待工作的态度向来严谨，他欣赏肖娅的能力，但更欣赏处世低调的人。他私下告诉肖娅，新来的秘书不是"英语太蹩脚"，她在美国生活了十年，英语水平足够做同声翻译，只是她向来低调，不喜欢炫耀。马汀还透露了一些令肖娅意外的事：新来的秘书，父亲也在这家公司上班，是总部的营销总监。

听到这些，肖娅顿时就不说话了。面对马汀，再想到新来的秘书，她只觉得脸上发烫。这种感觉，就像是在班门弄斧，被人笑话一样。她觉得自己了不起，处处高调炫耀，却不曾想在这一刻，她自以为的那点高傲，已经成了别人眼中的肤浅。

女作家亦舒告诫女人："真正有气质的淑女，从不炫耀她所拥有的一切，她不告诉人她读过什么书，去过什么地方，有多少件衣服，买过什么珠宝，因为她没有自卑感。"励志大师卡耐基也提醒过女人："如果我们只是要在别人面前炫耀自己，使别人对我们感兴趣，我们将永远不会有许多真实而诚挚的朋友。"

山不凸显自己的高度，却依然耸立云端；海不昭示自己的深度，却依然汇集百川；地不炫耀自己的厚度，却依然没有谁能取代它承载万物的地位。多言的女人给人的感觉往往是浮躁的，话多不如话少，话少不如话好。那些富有感染力的优雅女人，纵然在话语上不高调，可周围的人还是会情不自禁地被她的谦和大度、安静从容所折服。有句话说："于无声处听惊雷，此时无声胜有声"，这就是沉默与低调的独特魅力。

一位著名的女主持人，说话的时候声音细细的，每次想表达自己的观点，也总是不慌不忙地娓娓道来，然后露出一抹微笑。曾经，有人批评她的主持风格太过温情，太过小心翼翼，没有尖锐和硬朗的一面。

对于这样的评价，她不温不火地解释道："在语言上压住嘉宾，不是什么难题，但不是我的风格。有理不在声高，不露声色地把自己想表达的东西说清楚，反而更有说服力。我一直喜欢'润物细无声'的境界，轻松而温和，把我相信的、想说的话告诉别人。"

事实证明，言语上没有丝毫的傲慢、卖弄和张扬，一样可以掌握主动权。

沉默和低调，并不是指一味地不说话，而是一种成竹在胸、沉着冷静的姿态，由里及外表现出谦和大度、优雅从容的修养。这是剔除浮躁后的宁静，是拒绝平庸后的高贵，是抛弃浅薄后的深刻。

想做一个美丽而富有感染力的女人，真的无须喊着口号、扛着红旗让满世界的人都知道你要做什么，你做了什么。收敛自己的张扬，放低姿态，在不动声色之中凝聚魅力。深沉的美，永远是最高贵、最令人回味的。

不做冷美人，亲和力胜过一切美貌

世上有一种女人，你与她只是初见，却有了一见如故的感觉，谈笑间感受到的是如沐春风的愉悦。其实，她身上散发出的这股温暖的气场，就是亲和力。当一个女人有了亲和力，就有了像磁铁一样吸引人的力量，让人在不知不觉间喜欢上她。

琳是一家女装店的店主，店铺的位置不在闹市区，地方也不算太大，可前来光顾的人却络绎不绝，多数都是回头客，偶尔还会介绍朋友过来。

她店铺的衣装风格，就跟她的人一样，看上去不扎眼，却有种舒服的感觉；看起来略有些随意，可穿着却不失体面。光临小店的女顾客，喜欢店里的衣服，更喜欢琳这个人。不管是老顾客还是新面孔，她都是笑脸相迎，说话不温不火，慢条斯理。看上什么衣服，就随意拿去试穿，试得再多、弄得再乱，她也不会摆脸色给人看。

许多顾客都说，琳看起来就像个邻家女孩，特别亲切。在做生意上，她从来没有流露过一丝丝奸商的气息，说话实实在在。卖一件衣服的时候，无论价格高低，她都会坦白地告诉顾客，这件衣服的优缺点。这种亲和与坦诚，换来的是顾客的宽容和谅解。谁都希望自己明明白白地把东西买回去，而不是听着天花乱坠的话冲动地购物，回家后却有种上当受骗的感觉。

琳总是这样说："如果我是顾客的话，我也希望……"做人做事，她从不自私狭隘，而是先拿出一份友善与随和，她的不俗不媚、通情达理，是心与心的平等与互惠。正是基于这一点，她的小店不用大肆宣传，东西不用刻意讲价，却能赢得顾客的信任与喜爱。

在人际交往中，没什么比亲和的态度更重要了。有亲和力的女人，很容易让人产生亲近感，她那柔和的口气、友善的态度、时刻挂在脸上的微笑，足以消除人与人之间的隔膜，拉近彼此的距离。倘若因为自己的身份或地位，就把亲和力丢掉，说话颐指气使，待人冷若冰霜，拒人于千里之外，那必定会让人敬而远之。

哈佛商学院的蒂奇亚纳•卡罗夏和杜克大学的索萨•洛沃，在对多种职场关系进行分析后总结道："大多数人宁愿与讨人喜欢的傻瓜一起工作，也不想和有本事的讨厌鬼共事。"由此引申而来的就是，遇到问题的时候，多数人都愿意去找自己觉得可亲的人帮忙，哪怕这个人水平不高。

女人懂得用亲和力去感染别人，人气就会很高。从心理学上讲，两个人一旦成为朋友，就会产生强烈的一体感与依恋之情；同理，在与人交往时，若能使人产生亲近感，那么很快就可以跟对方成为密友。毕竟，人都有害怕被拒绝的天性，一个女人总是面带笑意，和和气气，就会让人感觉很安全，减小他人的心理压力，对方就愿意与之接触。有时，就算你不主动去联系别人，别人也会主动找你来沟通交流，这就是亲和力的潜在魔力。

当然，亲和力不是嘴上的花言巧语，虚情假意的表演只会招来唾弃和厌烦。亲和的本质，当是友善与真诚，当你在生活中由内而外地散发出了一团和气，那么亲和力自然就有了。

学会用对待亲人的态度对待别人。亲情可贵，血浓于水，亲人之间是休戚与共的。在与人交往时，要让对方感受到你的亲切，就要努力与之达成共识，产生共鸣。与人交谈时不妨并肩而坐，这会让人感受到亲人般的温暖。言谈间多说"我们"，会让人产生同伴意识；或者干脆以亲人间的称谓来招呼对方，也会给人以温暖亲切之感，如"哥"、"姐"、"姨"，等等。

适当地谈论一点自家私事。女人不要太八卦，四处嚼舌，但如果把亲人之间交谈的私事适当地拿出来讲与人听，对方会有一种被信任的感觉，进而拉近彼此的关系。当年，一位女士在竞选厂长时，台下的一位女工代表说："我现在怀孕七个月了，还在车间里站着工作，你觉得合理吗？"面对如此尖锐的问题，她坦诚地说道："我也是女人，也怀孕生过孩子，能够体谅女同志的辛苦。日后，在对待员工的特殊问题时，我会仔细斟酌，究竟哪项要求合理，哪项要求不合理，合理的坚持，不合理的改正。"听完这番话，女工们深感欣慰。

做真实坦然的自己。虚假的善意，只能换来一时的好感，日久见人心，当别人看穿真相时，会觉得此人太虚伪、不可靠，很快丧失所有的尊敬与信任。亲和要建立在真实坦诚的基础上，发现自己哪儿不够好，有针对性地去改善，努力提高自己，远比努力地伪装要简单、要坦然。

保持轻松愉快的心情。发自内心的微笑是亲和的直观表现，当女人被压力烦恼紧紧包围的时候，就会变得焦虑、烦躁不安。此时，就算她内心愿意表现出温和的微笑，笑起来的样子也会显得很牵强，让人觉得不够自然。所以，女人要学会调节情绪，适当地放松自己，这样才能散发出温和从容的气场。

诗人S·乌尔曼说过："年年岁岁只在你的额上留下皱纹，但你在生活中如果缺少热情，你的心灵就将布满皱纹了。"

女人不够漂亮没关系，不够有才识也无妨，但一定要有亲和的气场，见人能示以微笑，说上两句体己的话，只要有一颗善解人意的心，这样的女人，任谁见了都会喜欢。

微微一笑很倾城，无声胜有声

世界名模辛迪·克劳馥说："女人出门时若忘了化妆，最好的补救方法就是亮出微笑。"

嘴角微微上扬，露出一抹浅笑，朱唇未启，无声胜有声。不善言辞的女人，适时亮出微笑，就是最动听的声音；遭遇尴尬的场面，适时地亮出微笑，就可化干戈为玉帛。

真诚的微笑，就像一个神奇的按钮，即刻接通他人友善的感情，它用无声的表情告诉对方：我喜欢你，愿意成为你的朋友；同时，它也在说：我想你也会喜欢我。不管是谁，见到笑靥如花的女子，都不会拒绝你。微笑像和煦的春风，给生硬和冰冻的世界带来了温暖与柔和，也给人心带去了阳光和感动。

飞机起飞前，一位先生请求空姐为他倒一杯水，称需要服药。空姐有礼貌地答应了，让他稍等片刻，说等飞机进入平稳飞行状态后，会立刻把水给他送来。

一刻钟后，飞机已经进入平稳飞行状态。突然间，乘客服务铃急促地响起，空姐这才想起，刚刚答应给那位先生端一杯水，却因为忙于其他事给耽搁了，再看按响服务铃的座位，恰恰就是那位先生。她连忙倒了一杯水，小心翼翼地送到那位先生跟前，面带微笑地说："先生，由于我的疏忽，耽误了您服药的时间，真的很抱歉。"

此时，那位先生已经有些愤怒了，大声说道："怎么回事？你们这是什么服务态度？"她试着解释，可对方很挑剔，一直揪着她的失误不放，不肯说一句原谅的话。

为了弥补自己的过失，这位空姐每次去客舱为乘客服务时，都会特意走到那位先生面前，微笑着问他是否需要帮忙。不过，那位先生气性很大，每次都摆出一副不合作的样子。

飞机快到目的地时，那位先生要求空姐拿来留言簿，看样子他是要投诉这名空姐。飞机安全着落后，乘客们陆陆续续地离开了。空姐心里紧张极了，被投诉服务态度不好，是一件很严重的事。她忐忑不安地打开留言簿，没想到上面写的竟不是投诉，而是这样一段话：

"你的真诚，你的12次微笑，深深地打动了我，也让我感受到你真挚的歉意。所以，我决定把投诉信改成表扬信。你的服务质量很好，下次有机会的话，我还会乘坐此次航班。"

看到这几行字，空姐激动不已，眼泪在眼圈里不停地打转。

微笑在交际语言中最富有感染力，是开启心灵的钥匙，更是赢得他人好感的妙招。阳光之下没有不被融化的冰，善意的微笑，犹如冬日里的一抹阳光，温暖人的心田，融化所有的嫌隙，找回失落的美好。

有位老太太，年轻时就热衷于研究心理学，退休后跟丈夫共同经营了一家心理咨询所。本是出于兴趣，没想到生意却很好，每天前来做心理咨询的人络绎不绝。预约的号，已经排到了三个月之后，不亚于大型综合医院的专家号了。

某日，一位精神抑郁的姑娘在家人的带领下，走进了老太太的咨询室。老太太与姑娘聊了两句，发现她的内心很消极，对生活无望。老太太笑着说："姑娘，你不愿意说话，可以不说。但是从现在开始，你要学会给自己寻找微笑的理由。比如，下班后母亲给你做好了饭菜，你要微笑；下雨天你收到了朋友发来的关心短信，你要微笑；平日里收到祝福的邮件，你要微笑；电梯门即将关闭时有人按住按钮等你进来，你要微笑；家门口那盏灭了已久的路灯突然亮了，你也要微笑……把生活中细微的美好都作为微笑的理由，视为生活赐予的礼物，你的心态就会渐渐地发生转变。"

事实是最好的证明。姑娘按照老太太的要求去做了，她发现，往日看起来平淡无味甚至有些悲观的生活，竟然每天都可以轻易地找到不少微笑的理由。时间久了，与父母的感情融洽了，与同事间的紧张关系缓和了，心里也渐渐萌生了希望。微笑，给她带来了意想不到的收获。

女作家冰心说："不是每一道江河都能流入大海，但不流动的一定会成为死湖；不是每一粒种子都会成为参天大树，但不生长的种子，一定会成为空壳；活着，是生命的一种形式，而微笑则是生命中最美丽的花朵。比如蒙娜丽莎的微笑，笑颜如花，灿若朝霞。"

美丽的微笑，宛若初绽的桃花，乍起的涟漪，给人留下无尽的温馨与感动。微笑可以缓解负面的情绪，扫除内心的阴霾，减轻生活的压力感与环境的压抑感。微笑是上帝赋予人类特有的权利，女人失去了什么也不要失去笑容，那是对自己、对他人、对世界最美好的回应。

微笑虽好，却也不能乱用。要笑得恰如其分，要笑得自然纯粹。倘若只是皮笑肉不笑，那倒不如不笑；倘若对谁都微笑，这种笑还可能令人觉得虚伪和谄媚。

微笑的时候也要注意场合，与他人谈论严肃的话题时，或是告知对方不幸的消息时，抑或彼此的谈话不那么愉悦时，要记得及时收起微笑。当然，微笑也得选对人，根据不同的交际对象，应用不同含义的微笑，以免引起误会。

　　爱笑的女人，运气往往都不会太差，因为心里怀着一份虔诚。当女人把微笑当成生命的姿态，把微笑视为生活的基调时，她会成为最美丽、最幸福、最淡定、最受欢迎的女子。

说话真诚的女人，最容易赢得信任

女人说话若只图形式上漂亮，礼节上过得去，缺乏真挚的感情，开出的往往都是无果之花。要知道，语言是很奇特的东西，你可以用它骗别人的耳朵，却骗不了别人的心。

白居易曾说："动人心者莫先乎情。"谈吐的魅力，不在于说得多么华丽、说得多么流畅，而在于说得多么用心、多么诚恳。那些在生活和工作上都能赢得人心的女人，未必口若悬河，却一定至情至性。在说话时捧出了一颗火热至诚的心，对方很难不被感动；用得体的语言表达出自己的真诚，对方也很难不信任你。

她本是个直爽之人，只是做家具业务十几年，为了业绩总是在强颜欢笑、吹嘘商品招揽顾客，久而久之，她自己也觉得烦了。活得不自由、不坦荡，终日编造假话，违背自己的性情，实在是一种压力。为了摆脱这种压力，她决定要改变，今后要对人无所欺，对顾客坦白地讲"真话"，就算被解雇，也不在乎。

带着这样的念头去上班，她觉得心里松快多了。那天，一位顾客想要买可以自由折叠、调节高度的桌子。看着顾客满心期待的样子，她如实地说："其实，这种桌子并不是很好，我们经常遭到退货。"顾客一惊，没想到销售员会说出这样的话，反问道："是吗？可是现在挺流行这种桌子的，我也是觉得比较实用。"

她继续解释："看上去是不错，可据我所知，它不见得能够升降自如。很多人都看中了它的款式，忽略了结构，我要是向您隐瞒它的缺点，那就是欺骗了。"顾客不解，结构有什么问题呢？说着，她走近桌子，说："桌子的结构太复杂了，虽然过于精巧，但实在不够简便。"说完，用脚去蹬脚板。原本，这应该像踩离合踏板一样轻轻地踩，可她却一脚狠狠地踏了上去，桌面突然往上撑起，差点儿碰到那位顾客的脸。顾客先是吓了一跳，她连忙道歉，随后顾客又笑了起来，脸上露出了喜悦之情，说："我再仔细看看。"

她笑着说："没问题，买东西就是要精挑细选，才不会吃亏。我们这桌子用的木料，品质不是上等的，贴面胶合也一般。您看看其他款，或是到别家转转也行。"顾客听完解说，开心极了，出乎意料地表示他想买这张桌子，且马上就要取货。

不远处的经理听到了她和顾客的谈话，一脸的不悦。顾客刚走，经理就训斥了她一番，告诉她明天不用来了。她正准备收拾东西的时候，突然来了几个人，都要看她家店里的多用桌，一下子就买走了几十张，说是刚刚那位客人介绍来的。就这样，店里成交了一大笔生意。

经理得知情况后，最终收回了辞退她的决定，反倒提升她做了主管。从某种意义上说，是她的真诚和坦白成就了她的事业，也许有些话说得"不符行规"，可字字句句都透着为顾客着想的好意，她的实在赢得了顾客的信赖。其实，顾客心里何尝不知道，什么东西都有利有弊，销售员越是强调它的好，就越是觉得里面有陷阱；倘若坦白地说出它的缺点，倒也让人觉得实实在在，东西有点儿小毛病也可以接受。

曾有人说，交际的实质是给予和索取。从精神层面来说，没有真诚，他人就无法感受到你的给予；从物质上来说，没有诚意，他人只能将你的给予视为恩赐，或是出于无奈不得不接受。生活中从不乏虚伪之人，但伪装的东西绝对经不起时间的考验，迟早会被人看穿。女人想要通过言语获得融洽的人际关系，唯有先拿出自己的真诚，才能收获信任。纵然有什么过错，念在真诚的份上，也能得到他人的谅解和同情，而虚假与欺骗换来的只有鄙夷和不屑。

曾经打败过拿破仑的库图佐夫，在给叶卡捷琳娜公主的信中写道："您问我靠什么魅力凝聚着社交界如云的朋友，我的回答是真实、真情和真诚。"

滔滔不绝、一泻千里的谈吐，如果少了诚意，就失去了吸引力，如同一朵没有生命力的绢花。女人说话时，不要只想着追求华丽的辞藻和故作深沉，而是要先想着如何把自己的真诚注入交谈的过程中，如何把自己的心意传递给对方。正所谓：不为说话而说话，要注重心灵的沟通。很多时候，朴实无华的语言，往往更显得亲切而富有感染力。当对方感受到暖暖的真诚时，就会打开心门，接受你所讲的话，在心里产生共鸣。

真诚不是智慧，却散发着比智慧还要灿烂的光芒。很多东西，通过智慧未必可以得到，但靠着真诚却可以牢牢抓住，比如情感。花言巧语虽动听，却始终虚幻缥缈，远不如一颗真诚的心来得踏实。愈是质朴无华，愈会散发出迷人的光辉。

真诚是一笔可贵的财富，拥有这笔财富的女人，会成为世界上活得最自在的人；同样，能够把真诚融入言语之中的女人，也会是世界上最容易打动人心、赢得信任的女人。

谈吐知性优雅，但别不食人间烟火

　　提起女人的知性与优雅，奥黛丽·赫本无疑是一个绝佳的代言人。她的美，从未因岁月的侵蚀而褪色。70岁时，她走访非洲儿童，那时的她已经不再年轻貌美，可从她拥抱非洲儿童的动作里，怜悯的神态中，依然透露出一种优雅和高贵。

　　奥黛丽·赫本说："在非洲，我从来没看到过乞求施舍的双手，只看到不幸人的高贵举止，他们从没有憎恨过生活。"她神态文雅而平和，眼睛里饱含着纯真与善良，言语中透出了一种热爱生活、关注生命的气息。她是美丽的，她的语言和她的人一样，充满了优雅与知性的魅力。

　　女人的谈吐是内涵的镜子，一味地逞口舌之能，或是强言狡辩，只能让人觉得肤浅和粗俗；唯有具备了丰富的内在、充足的知识作为底蕴，才可能妙语连珠、连绵不绝。看一个女人是否会说话，不是看她说的多不多，而是看她说出的话是否有品位、有分量。

　　常言道，腹有诗书气自华。谈吐优雅的知性女人，一定是有知识储备的。书可以增加女人的见识，平静女人的心灵，提高女人的修养。曾经的美国第一夫人杰奎琳，她的谈吐令世界多国领导人惊叹，她的惊艳口才正是源自丰厚的知识。据说，她的房间里有一面书墙，沙发上、小憩的地方都散落着书籍。渊博的知识、睿智的头脑、优雅的谈吐，都来自平日里点点滴滴的学习和积累。看得多了，想得多了，久而久之就有了自己独特的思想，与人交流时也便可以出口成章了。

人生的经历，也是丰富内涵不可或缺的一部分。经历得越多，历练得越多，思想就会愈发成熟，看事情也就更能看穿本质。如此，在说话的时候，才能够一下子抓住要点，说出震撼人心、令人心悦诚服的话。

平日里，女人要充分利用自身细腻敏感的女性特质，展开所有的感官去体会生活中的声音、色彩和味道。也许，若干年之后，因为年龄的关系，你早已与青春曼妙断了联系，可内心对生活、对人生却有了更深刻的感触，在与人谈及各种事宜时，俨然就少了一分青涩，多了一分沉稳和成熟。

优雅知性的谈吐，离不开丰富的谈资。茶余饭后只会四处嚼舌的女人，说得再多，也不过是枯燥乏味、令人厌倦的内容；关注时下热点、了解经济和政治、心里装着世界的女人，说出来的话有内容、有气度，彰显出的是一番雍容大气、见多识广的魅力，绝非只知柴米油盐、张长李短的庸俗妇人。

然而，生活中也有一类女人，她们读过很多书，去过很多地方，善于对过往的经历进行总结，算是比较有风度、有涵养的女性，可唯独没什么交心的朋友，甚至很少有人愿意跟她坐下来聊聊天，总感觉话不投机。倒不是她们说的话没品位，而是说的过于晦涩，让人觉得有点卖弄之意，不够亲切随和。

知性是对女人的一种赞誉，知性的美在于深厚的涵养、聪慧的头脑、成熟的思想、大气的胸襟，工作上的中性，感情上的细腻。正如康德所说，它是介于感性与理性之间的一种认知能力，而非不食人间烟火，更不是卖弄神秘和学问。女人在说话时的知性美，在于能够为人所理解、所热爱，而不是把新名词、冷僻的理论、深奥的哲学道理挂在嘴边，以此显示自己的与众不同。

　　一位年轻的姑娘很喜欢古典文学，气质上也有几分古典美。这样雅致的女子，却总是抱怨跟人话不投机，没有说知心话的人。问了一些跟她接触过的人才知道，原来问题不是出在别人身上，而是她说的那些事，有点太"飘"了。不管什么场合，跟什么人接触，动不动就聊《红楼梦》，说说赫尔曼·黑塞，再谈谈尼采，说的头头是道，可真正听懂的人没几个。搭不上话，显得很尴尬；盲目地搭话，担心被笑话；要深入地去谈，谁又专门了解过那些深奥的东西呢？这位类似天下掉下来的"林妹妹"一样的人物，只能让人远观。

　　可见，与人聊天时，说的话题要离生活近一点，要与听者的知识水平相当，结合当时的情景、场合，让人能够听懂，感兴趣，而不是自以为是地谈论一些文艺、哲学等话题，说一些专业性的术语。有些深奥的道理，用比喻、夸张的方式通俗化处理一下，或者讲个笑话、小故事，不仅能让对方听得明白，还可能让对方大悟。没有一丝一毫的卖弄，但他人透过语言和逻辑，便能知晓说话者的水平和底蕴。

　　此外，很多女人把知性与"文艺"、"小资"联系在一起，殊不知，有些话看起来很美，说出来就少了那个意境了，比如"生活是一袭华美的袍子，上面爬满了虱子"，也许这番话通过你的大脑时，留下了微妙的触动感，但它的受众群体不广泛，除非你跟一些真的热爱文艺或哲学的人讨论，抑或对方也是个小资女、文艺女，那样的话，对方也许知道这是张爱玲的名句。否则的话，把这些话挂嘴边，是不大受人欢迎的，让人觉得虚头巴脑，故作卖弄。

　　知性与优雅，需要渊博的知识底蕴，需要温和从容的神态，更需要生动形象、令人信服的语言，而不是单纯的文绉绉、小腔调。努力成为一个温婉大气有内涵的女人，多读书，多看看世界，多提高修养，言谈举止自会别有一番韵味。

侧耳倾听，是对他人最好的尊重

简·奥斯丁在《傲慢与偏见》一书中，描绘了这样一个情景：丽萃在一次茶会上，专注听一位刚刚从非洲旅行归来的男士讲述他在非洲的所见所闻，全程她几乎没有说什么话，可在分手时那位绅士却对别人说，丽萃是个多么擅言谈的姑娘啊！

如果有人问，在社交中如何才算得上尊重别人？那么毫无疑问，倾听应当是对他人最好的尊重和赞美。就像丽萃这样，在别人讲话的时候，专注地、安静地聆听，没有滔滔不绝，没有喋喋不休，换来的却是最善解人意、最有魅力、最擅言谈的美誉。世上那些最善于沟通、受人喜爱的女人，一定都是最善于倾听的女人。

一位女心理咨询师到A市作演讲，并借此机会去A市有名的景点游玩。从A市回去后，她被朋友邀请参加生日聚会。晚餐过后，有人先行离开，还有人凑在一起打麻将，唯独她和M小姐不会玩，就坐在一旁闲聊起来。

M小姐知道她刚从A市回来，说道："我听他们说，前几天您去了A市，一定去了不少地方吧？那里风景挺不错的，我一直都想去，只是今年长假的时候没有订到票，就没去成。"

之前，她跟M小姐有过一面之缘，但从未细谈过。而今听完这番话，她便知道M小姐是个健谈的人。身为心理咨询师，她自然知道，让一个健谈的人听别人讲话，无异于受罪，她心里一定很憋屈，会不时地打断你的话。此刻，M小姐这么说，不过是想从交谈中寻找一些契机，帮助她开始自己的谈话。

她听朋友说过，M小姐刚刚从木兰围场游玩回来，那里风景还不错。于是，她便对M小姐说："是的，那里的风景确实不错，尤其是草原，我很喜欢待在草原上的感觉，顿时就觉得自己变得渺小了……"

"草原"，M小姐马上打断了她的话，兴奋地说道："哎呀，我也刚从木兰围场回来，那真是不错，天特别蓝，待的我都不想回来了，哈哈……"

"是吗？在那里玩了几天？是跟团去的，还是自由行？"她继续问。

"我们是跟团去的，那边的路不好走，都要坐越野车……"见到眼前有这么一位倾听者，M小姐自然不会放过这个机会，滔滔不绝地讲述起了她的游玩经历。之后，在她的引导下，M小姐又讲了此行的饮食、趣事，到了最后，谈话的内容就变成了她的旅行回忆录。

她在一旁耐心地听着，不时地微笑点头，表示愿意听她继续讲下去。那个晚上，M小姐足足讲了有一个多小时。聚会结束了，M小姐意犹未尽地对她说："时间过得真快呀，下次见面我继续跟你讲，还有很多好玩的事。今天，我过得特别开心，没想到跟您这么投缘。"

其实，在这一个多小时的时间里，她说的话不超过十句。她心里很清楚，M小姐并不想从她那里听到什么，而是需要一个专注的倾听者，允许她把自己知道的一切都讲出来。而她所做的，就是老老实实地扮演好听众这个角色。

倾听的魔力就在于此，你不必巧舌如簧，只需洗耳恭听，三言两语依然能够打动对方，给人留下深刻的好印象。倾听是一种礼貌，一种对人的尊重、赞美和恭维。当然，从女心理咨询师的经历里不难看出，真正的倾听绝非坐在那里干巴巴地听着，一言不发，而是要用心、用眼、用耳朵去听，在不动声色中掌握着主动权。至于倾听的技巧，这里有一些小小的建议：

保持客观的心态来倾听。他人有心事向你倾听的时候，要调整好自己的心态，切不可受他人情绪传染，把他人的坏心情变成自己的坏心情，这样不仅帮不了对方，反而还把自己带入了负面的情绪中。劝解对方也好，出主意想办法也好，言语要适中，不要把问题激化。劝慰完了，要及时从这件事里跳出来，不要积压太多的不愉快。

在倾听时适当提问或给予呼应。一个好的倾听者，并非完全不开口说话，聪明的女人通常会在对方讲话的过程中，不时地提出几个问题，或者用表情、插入语和感叹词给予回应，告诉对方自己正在仔细地听，并且对他说的话很感兴趣。

不要随意地打断别人讲话。当对方想表达的东西太多，或是情绪过于激动时，言辞上可能会语无伦次，显得有些凌乱。这时，切不可打断对方的话，要耐心地听他说完，就算有些内容你不喜欢，也不要随意打断对方的话语。试想一下：当你正说得兴致勃勃，有人随便打岔，换了其他话题，你会不会认为他缺乏教养，不懂礼貌？己所不欲，勿施于人。

营造积极的倾听氛围。倾听时，为了使说话者情绪平稳，最好保持安静。不要做其他的事情来干扰对方，一会儿接电话，一会儿去拿东西，或是心不在焉，这样的话，对方很容易对你失去信任和好感，不想再继续说下去。整个倾听的过程中，要做到专注、诚恳，让对方感受到你的理解和诚意，他才会感到自己受重视，进而对你产生好感。

必要时保持沉默。沉默不语，看似是一种安静的状态，实则蕴含着丰富的信息。如果说整个谈话过程是一篇乐谱，那么沉默就相当于休止符，运用得好，可以达到无声胜有声的效果。比如，对方深情地讲述自己过往的坎坷经历，讲完之后，你与对方四目相对，此刻的你，欲言又止，最终保持了沉默，眼神中给予对方一种肯定和理解，那么这种沉默，就胜过千万句评论。因为你在告诉对方，你已经用心听懂了一切。

　　女人要记得，倾听是对他人最好的一种尊重，很少有人会拒绝专心倾听中所包含的赞许和真诚。说话的艺术，不是夸夸其谈，唯有最大限度地提升自己的倾听能力，在安静与柔和中展现出女性独有的温婉与善解人意，别人就会不知不觉地喜欢你了。

第二章
不一样的话，赢得不一样的心

　　真正有素养、会说话的女人，不管是在公共场合发表演讲，还是在私下里与人随意交流，始终都会注意说话的对象是什么人、什么身份，绝不会想说什么就说什么。唯有见什么人说什么话，让思想走在语言前面，才能创造和谐、融洽的气氛，获得好人缘。

见什么样的人，说什么样的话

会说话的女人，都有一双智慧的眼，一颗灵巧的心。开口之前，她总能看清楚自己所在的场合、所处的环境，更能深谙对方的心思，说出最合适的话。

《红楼梦》里的王熙凤，上有三层公婆，中有无数叔嫂妯娌、兄弟姐妹和姨娘婢妾，下有一群管家、奴仆、丫头，每天要跟各种各样的人打交道，却还是能牢牢地坐着贾府当家人的位子，把上下都打点得井井有条。一个二十几岁的女孩子，能够做到这一点，很大一部分原因，就是她长着一颗灵巧的心和一张善言的嘴。

林黛玉母亲去世后，进京投奔外祖母，她初登荣国府的那一回，也是王熙凤第一次出场。未见其人，先闻其笑，又闻其声："我来迟了，不曾迎接远客。"没见到人，就能透过言语感受到一股子热情。

进门之后，王熙凤连忙拉过黛玉的手，仔细地打量了一番，又送至贾母身边坐下，说道："天底下竟有这样标致的人物，我今儿算见了！况且这通身的气派，竟不像老祖宗的外孙女儿，竟是个嫡亲孙女儿，怨不得老祖宗天天口头心头一时不忘。只可怜我这妹妹这样命苦，怎么姑妈偏就去世了！"

这番言辞，先是夸了黛玉的美，又借机说出了贾母对黛玉的疼惜之情，顺带还夸了贾家"三春"漂亮，把外孙女和嫡亲孙女联系在一起。说完之后，还不忘表达自己对姑妈去世之事的悲痛心情，既让贾母悲中含喜，又让黛玉情动于衷，可谓是把话说到了极致。

正当贾母嗔怪王熙凤勾起她的伤心事时，她马上话锋一转，说道："正是呢！我一见了妹妹，一心都在她身上了，又是喜欢，又是伤心，竟忘了老祖宗，该打，该打！"一番话接得恰到好处，惹得众人都笑了。

随后，旁边的王夫人又提到，拿什么料子给黛玉做衣裳的事。王熙凤连忙接应道："我早就预备好了。"也许，她根本就没准备什么衣料，却能随机应变，而王夫人也信了。

邢夫人想要贾母身边的丫鬟鸳鸯，便来找儿媳王熙凤商议，说贾赦想讨鸳鸯做妾。王熙凤一听，便说道："别去碰这个钉子。老太太离了鸳鸯，饭也吃不成了，何况说老爷放着身子不保养，官儿不好生做。明放着不中用，反招出没意思来，太太别恼，我是不敢去的。"

王熙凤自觉得此事不妥，可邢夫人毕竟是她婆婆，看着邢夫人冷笑不解，心性大发，王熙凤就知道是自己刚刚的那番话惹得她不高兴了。她察言观色的功夫没得挑，赶紧赔笑道："我才活了多大，知道什么轻重，想来父母跟前，别说一个丫头，就是那么大的活宝贝，不给老爷给谁。"邢夫人听后，又欢喜起来。

本是同一件事，王熙凤却说了一正一反两番话，竟然也都挑不出毛病来。可见，她是一个深谙人情世故的人，知道看场合、看人说话。就算是说话惹了人，也能巧妙地挽回。

倘若把王熙凤这番识人说话的本事，用在现实生活中，了解不同人的心理特点、脾气秉性、说话习惯等，自然也会成为一个灵活变通的女人，博得众人的喜爱。

可见，女人在开口说话之前，一定要对说话对象有所了解。

对于初见的陌生人，要做到这点并不容易。所以，初次与人相遇不要急于开口，可以先让对方说说话，从言谈中了解一下对方的秉性。如果对方说话很直白，不会拐弯抹角，此人多半是个直爽的人，跟他交往就要坦诚相待；如果对方说话慢条斯理、温文尔雅，此人多半是个谦逊有礼的人，跟他讲话也要注意方式，不能太过随意；如果对方看上去情绪低落，不太爱讲话，那么你最好就不要再多问多说。如果不注意这些细节，就可能无意间得罪人。

就算是常见的熟人，说话也要视对方的情况而定。

午休时间，办公室里的几个女同事凑到一起闲聊起来。一位女同事提及，要向主任申请调岗，理由是她怀孕了。听闻这个消息，大伙儿更来了兴致，你一言我一语地说起了怀孕生育之事，又说起日后的家教问题。

陈小姐暂时未婚，却早已跟男友商量好以后做"丁克"。听同事说起家教的"难"，她更是坚定了做"丁克"的决心，说："现在，养个孩子太贵了，物价那么高，教育费那么贵……要是听话还好，万一再不听话，天天气我，我还不得委屈死呀？况且，我们这一代当房奴都快当不起了，到了下一代，生个女儿还好，可以嫁出去，若生了一个儿子，还得给他准备房子，未来的儿媳妇怎么样，还不知道呢！我觉得，要个孩子真是负担……"

正当她说得振振有词，略带得意地说自己要当"丁克"时，周围的同事都不说话了，再看那位怀孕的同事，面无表情。陈小姐顿时就知道自己说错话了，可是话已经说出去了，怎么收回来呢？她只好一脸尴尬地说："这只是个人意见哈！"然后，悻悻地转身去做事了。

良言一句三冬暖，恶语伤人六月寒。当着孕妇说养孩子没好处，提倡做"丁克"，无疑是在给人泼冷水，扫别人的兴。就算是关系再熟稔，听到这样冷冰冰的风凉话，必然也会觉得很不舒服。

　　聪明的女人，说话一定得看对象，从对象的不同特点出发，说适合对方的话，这样才能创造一个融洽、和谐的交流氛围，才能实现"和什么人都聊得来"的好人缘。

有情感的称谓，使人感到亲切

一个骑马赶路的年轻人，见天色已晚，想找家客栈住下来。只可惜，身在异地他乡，根本不知道自己到了哪儿，离最近的客栈还有多远的路程。恰好，身边一位老汉经过，他在马上高声地喊道："喂，老头儿，离客栈还有多远？"老汉回答："五里。"

年轻人听后，策马奔腾，急着就往前赶路了。一口气跑出了十几里路，却连客栈的影子都没看见，四处荒无人烟。他有点生气，觉得那老头儿故意捉弄他，很想回去跟他理论理论。他一边想，嘴里一边嘟囔："五里，五里，什么五里？"念着念着，他突然醒悟了。原来，老头儿说的是"无礼"，而非"五里"。

他掉头就往回赶，没过多久，再次与老头儿相遇。这时，他连忙下马，客客气气地走到老人跟前，亲切地叫了一声"老伯"，接下来的话还没说，老头儿便开口了："客栈离这里很远，如不嫌弃，就到我家暂住一宿吧！"

称呼在交际中有多重要，想必不用再赘述了。称呼是彼此之间展开沟通的信号，也是传达礼貌和情意的途径。从心理学上讲，每个人对他人如何称呼自己都是很在意的，只是由于各国各民族民俗不一样，语言上也不尽相同，因此称呼上有很大区别。

想成为一个懂礼节、受人喜欢的优雅女人，不管是朋友相见，还是与陌生人相见，都要特别注意称呼的问题。错误的称呼，不仅会闹出笑话，还可能引起误会，让听者不高兴。巧妙而适当的称呼，则体现出你对他人的尊重，就像妙音入耳，让对方觉得很温馨，缩短彼此之间的心理距离，使感情更加融洽，沟通更顺利。

曾经，一位著名的女心理学家应邀到一家管教所做演讲，目的是感化服刑人员，从心理上对其进行积极的辅导。在做演讲之前，女心理学家一直在思索一个问题，那就是如何称呼那些年纪轻轻的罪犯？如果直接称呼"罪犯"，无疑会让他们产生逆反心理；称"同志"，似乎也不太合适。最后，她用了这样一个特别的称谓——触犯国家法律的年轻朋友。

事实证明，这个称呼收到了意想不到的效果。那些劳教人员听到这一称呼时，激动地鼓起掌来，有的人甚至还流下了眼泪，他们深深地感受到自己虽然在人生的道路上走错了路，可依然还有人尊重他们，言语和称谓中，透露着一股包容和友爱，演讲自然达到了预期的目的。

称呼看似很简单，实则蕴含着许多信息。在人际交往中，尤其是初次见面，恰当的、有情感的称呼，代表着对他人的尊重，也会让对方的心里产生亲切感和满足感。

要做到称谓得体，不是一件容易的事。毕竟，所遇到的每个人的年龄、身份、地位等情况都不一样，一概而论是不太现实的，唯有靠自己积累的经验和灵动缜密的心思，才能根据具体情况来选择合适的称谓。

称呼的格调有雅俗之分，依据对方的情况选择合适的称呼。比如，对于一些德高望重的老人，可以称之为"某老"，如"李老"，或者加上对方的头衔，如"李教授"，切不可张口就称"老伯"，若是平日里与陌生的老人相遇打招呼，倒是不妨这样称呼。前者带有敬仰之意，而后者则是一般情况下的尊称。

再者，年轻的女人很喜欢称呼别人"师傅"，听起来很亲切，但文雅不足，并不适用于所有人。对于工人、厨师称呼"师傅"比较合适，可对于医生、干部、军人就不合适了，而是要视场合、双方关系来选择恰当的称呼，若担心说错，最好就在姓氏后面加上对方的头衔、职务，这样既显得正式，又不失尊重。

称呼有地域差异。在涉外活动中，依照国际通行的称呼惯例，成年的男人都称"先生"，对已婚女子称"夫人、太太"，对未婚女子称"小姐"；对年长但不明婚姻状况的女子或是职业女性，则统称为"女士"。若知道对方的姓氏、职称，也不妨加上，这样更显得对他人的重视和尊敬。

同样，就算是同一国家不同地区的人，对称呼也是有区别的。例如，山东人喜欢称呼别人为"伙计"，这样的称谓到了南方就不适用了，因为在南方人听来，"伙计"就跟"打工仔"是一个意思。为此，女人到了陌生的城市，一定要先了解当地的习俗，以及各种常用的称呼，才不至于处处碰壁。

称呼语要遵循礼貌的原则。每个人的内心都渴望被尊重，礼貌的称呼，恰恰是对他人尊重以及自身修养的表现方式之一。在交际中，女人一定要尽量多用尊称和敬语，如"您好"、"贵姓"、"贤弟"、"高见"、"尊夫人"，等等。千万记得，不要随意给人起绰号，更不要在比较正式的场合与人称兄道弟，说一些难登大雅之堂的庸俗称呼，这会让人觉得有失教养。

女人想要与人顺利交往，赢得对方的好感，在对别人的称呼上一定不能马虎。多使用礼貌用语，分清楚交谈场合和主次关系，了解当地人说话的习惯，就能避免许多尴尬，成为一朵人见人爱的、舌绽芳香的交际花。

跟不同年龄的人，说最合适的话

对女人而言，生活的每一天都必然要与人接触，不管是家人、同事、朋友还是客户，甚至是偶遇的陌生人，在年龄上肯定都参差不齐。如何跟不同年龄段的人都能说得上话，并且说到对方心里，让人听着舒服，心情愉悦，那就要看女人的智慧和口才了。

白洁做幼教五年了，工作期间，接触最多的人就是孩子和家长。

孩子内心纯真，但并不总是快乐的，偶尔也会有一些小烦恼和小困惑，比如被欺负、受冷落、被误解。平日里，她特别关注孩子的内心活动，也愿意做他们的精神园丁。一旦发现有孩子一反常态，聊天的兴趣突然低落时，她便会向朋友一样去问："你怎么了？跟我说说，看看我能不能帮你？"而后，及时地给孩子疏导情绪。

有时，孩子也会提出一连串的问题，听起来幼稚又可笑，要么显而易见，要么深奥莫测。比如，有个孩子问她："老师，你怎么长着长着就长大了呢？"她不会嘲笑孩子，也不会胡乱回答，而是说："这个问题，老师也不太清楚，我们一起想想，谁先想好了就先说出来，好吗？"或者说："老师去看看书上怎么写的，然后再告诉你。好吗？"她的耐心，她的有趣，赢得了许多孩子的心，偶尔她生病请假了，孩子们还会觉得有点失落。

孩子虽然性格不同，但介于年龄和认知度的问题，多数情况都有相似性，相对还好处理。最难处理的关系，其实是师长关系。每天负责接送孩子的家长，有父母，也有年老的长辈。为了能够在跟家长讲述孩子的问题时，赢得家长的信任，白洁费了不少心思。

老人最疼爱孩子，尤其是在独生子女家庭，孩子更是掌上明珠，容不得受一点委屈。偶尔，孩子在幼儿园里受了点轻伤，见到家人就哭闹不已，有些老人就按捺不住了，跟幼儿园的老师争执起来。遇到这样的事，白洁总是坚持"以情动人"。

有个小男孩走路总是撞到桌角，他的奶奶知道了，就找白洁理论，怪幼儿园没看管好孩子。她对老太太说："您别急。我知道您疼爱孙子，您的心情我也能理解。我观察了几天，本以为是孩子的眼睛有问题，可孩子戴着眼镜呢！可后来再看，发现孩子的眼镜有问题，他长大了，眼镜太小了。我希望，有空的时候，让孩子的父母带着他去医院再检查一下。"老太太愣了一下，说："还别说，这眼镜还是他上小班的时候配的呢！"

第三天，老太太又来接孙子。见到白洁的时候，笑盈盈地说："白老师，幸好您及时发现了孩子眼镜的问题，要不然真把孩子给耽误了。"白洁握着老太太的手，说这都是应该的。之后，又跟老太太唠了唠家常，问问身体的情况，说带孩子挺辛苦的，要多注意身体，老太太听得喜笑颜开。此后，每次见到白洁，她都很热情。

与不同年龄层的人说话，上到老人，下到孩子，都是有讲究的，切不可大意。

跟孩子讲话时，不要用命令和教训的口吻，要学会像朋友一样尊重他们。特别是处于叛逆期的孩子，你越是与他谈大道理，指责他的错误，他越是觉得你不理解他。相反，你让他们明白，你尊重他们的想法，只是给予参考性的建议，他们反而更容易接纳你、信任你。

跟年轻的女性聊天时，美容、衣服、化妆品之类的话题，最容易打开她们的话匣子；与中年女士聊天，家庭和生活，尤其是孩子，肯定是她们感兴趣的内容。和青年男人谈话，谈谈理想，憧憬一下虚无缥缈的美好未来，能鼓舞人心，让人觉得很有信心；和中年男士谈话，工作、房子、车子、时政都是不错的话题。对于事业有成的人，多谈谈他们骄人的成绩、奋斗的经历；和事业无为的人，多谈谈修身养性，说平平淡淡的生活才是真。

跟年老的人说话时，一定要保持谦虚和尊重的态度。不信你听，老人们经常会在晚辈跟前念叨这样一句话："我走过的桥比你走过的路还多。"这句话不是夸夸其谈，老年人接受的新知识虽然比年轻人少，可他们的生活经验是很丰富的，几十年的风雨路，总结出了许多经验教训，所以在与他们谈话时，一定要谦逊虚心。另外，老人都不喜欢别人说自己年事已高，在他们心里依然希望自己看上去年轻能干。为此，说话的时候，一定不要直接谈及他们的年龄，应当多谈及阅历才是。

总而言之，年龄是说话的风向标。女人在跟不同的人交谈时，要依照对方的年龄来选择合适的话题、合适的语气，对老显示出尊重，对幼显示出关爱与平等，对同龄人依照对方的性别、爱好、个人情况来交谈。当然，不管与谁说话，礼貌礼节都是不可少的，倘若只是话说得不够漂亮那只是口才的问题，若是礼貌都丢了，就是修养的问题了。

看准对方的性格，开口不会错

莎士比亚说："一千个人的眼里有一千个哈姆雷特。"哈姆雷特是一个固定的人物形象，但一千个不同的人却有着一千种不同的性格，一千种不同的喜好，一千种不同的审美眼光，戴着各自的性格标签来审视哈姆雷特，自然不会是一样的。

女人在说话时，切记要有一种"角色意识"。面对不同性格的人，要掌握不同的说话技巧，绝不能千篇一律，更不能用同一种口气说同样的内容。人与人的性格差异太大，就像《红楼梦》里的黛玉和湘云，湘云躺在大观园的石头上睡着了，大伙儿围着她，笑她失态，她也没有恼羞成怒；湘云不过说一个戏子模样长得有点像黛玉，黛玉就气得哭了。可见，说话要根据不同的对象和场合转换自己的"角色"和"台词"，用最合适的方式表达自己的想法，这样才可以在生活和工作中无往不胜。

某公司接手了一项大型园林项目的设计工作，为了保证质量和效益，领导打算聘请一位著名的设计大师担任顾问。棘手的是，那位设计大师性情孤傲，公司先后派了几个人去拜访，都碰了钉子。最后，公司公关部的经理思琪主动请缨，前往设计师的家里和他洽谈。

思琪在拜访设计师之前，从朋友那里打听到，老先生对丹青有浓厚的兴趣。为了增加成功的概率，思琪花了半个月的时间读了几本中国美术史方面的书籍，希望跟老设计师见面的时候，多一点谈资。

到老设计师家里造访那天，思琪明显感觉到，老先生对她的到来表现得很冷淡，没有任何欢迎的意思，只是出于礼节未曾下逐客令。思琪早就料到会如此，也便没有往心里去，漫不经心地走到老先生的书桌前，欣赏起了他刚刚完成的一幅山水画，一边欣赏一边赞叹说："老师的这幅画，气韵生动，清润文雅，平和怡然，真是不可多得的佳作。"老先生听了，紧绷的表情缓和了许多，像是遇到了知音一般。

思琪见此情景，连忙又问："老师，您是在学习明代著名画家董其昌的绘画风格吗？"老先生一听，先是惊讶，后是惊喜，觉得思琪竟是绘画方面的内行人，态度马上亲和了许多，兴致勃勃地跟思琪聊起了吴门四才子和松江画派。思琪认真地听着，不时地说一说对明代各绘画流派的看法。两个人的谈兴越来越浓，不知不觉就聊了有一个多小时，老先生最初对她的那种隔阂感和排斥感也淡了许多。

最后，在愉悦的谈话中，老先生很爽快地答应了思琪的邀请，同意出任该公司的设计顾问。思琪顺利地完成了这项棘手的任务，又一次发挥出了她的公关天赋和绝佳口才。

想要说话对人胃口，就得熟悉对方的性情、兴趣、习惯和说话方式，只有做到"到哪个山头唱哪个歌"，才能把话说进人心里，拉近彼此的距离。

关于人的性格，希腊人曾做过一个划分：平易型、表现型、驾驭型、分析型。

平易型的人，总喜欢说"是"、"没错"、"好"，说话没什么情趣，喜欢迎合别人，容易被他人的言语所动摇。跟这样的人说话，最好委婉含蓄一点，就算是恭维的话，也要用请教的语气去说。这类性格的人自尊心很强，但又缺乏自信，敏感而容易受伤，非常在意别人对他的看法，以及关注程度。和他们聊天时，女人不妨多拉拉家常，说说对方的长处，认同他的一些看法，绝不能带着轻视的目光和语气。当然，偶尔你也可以表现得强势一点，因为他们很佩服和欣赏看重自己、关注自己的人。

表现型的人，喜欢在人群中做焦点，受人关注。和这样的人相处，最好就要让他当主角，认真倾听他的谈话，多用询问的方式，引导他的话题，让他兴致勃勃地说，完美地表现自己，只要你跟得上他的跳跃性思维，做他最忠实的听众，他就会把你当成投缘的人。

驾驭型的人，做什么事情都是雷厉风行，不喜欢啰唆，说话也很干脆利落，很少纠缠不清。女人跟这样的人说话，最好直来直去，少拐弯抹角。人多的时候，记得给他留面子。需要决策的时候，要认真听取他的意见；有分歧的时候，把自己的意见融入到他的决定里去，哪怕只是表面的形式，也要这么做，因为驾驭型的人有强烈的虚荣心。

举个最简单的例子：他决定到一家西餐厅吃饭，因为是新开的，有折扣；你想去茶馆座谈，觉得清净自在。这时候，你可以这样表述："就听您的，去西餐厅吃饭，饭后我们再去茶馆聊天叙旧。"当你听取了他的意见，并且将他意见放在最前面，让他感受到自己受重视，他心里就会很高兴，认为你是值得交的朋友。

分析型的人，内心非常自我，把自己跟别人分得很清楚，不太擅长社交，也不喜欢凑热闹、与人聊天。不过，这种人没有太强的虚荣心，捧着、哄着的方式对他们来说，没多大效用，但这不代表你可以不尊重他。有事情的时候，他可以不参与，但你一定得让他知道；如果他给出了意见，你最好要采纳。他们很少表现自己，也看不起喜欢表现自己的人，认为那样太肤浅，对他们来说，情投意合、一见如故更重要。与他们说话时，不要唯唯诺诺，言语也不可太过粗糙，最好斯文一点。

　　当然，人的性格有时是很复杂的，不是单一的，只是有所偏重而已。所以，在与人接触时，要学会察言观色，看风使舵，既不违背原则，又要迎合对方的喜好，做到了两者相容之后，自然能获得一个好人缘。

沟通时要考虑对方的社会地位

现在的她，是一位知名女主持人，为人熟知的名嘴，但每每提及口才之事，她都会想起当年做记者时的一段往事。那时的她，很喜欢下基层做采访，也自诩非常清楚怎样跟农民说话，也很懂得见什么人说什么话。然而，一次特殊的采访经历，却给她上了一次深刻的教育课。

那次，她接受的任务是采访一位养猪协会的会长，为了做好这期节目，她此前还特意找了专家咨询，备足了功课，对农民自发成立的产业协会进行了多方面的了解，觉得心里有底儿了才开始去采访。

采访那天，她穿着非常朴素的衣服，还特意让摄像找好角度，能够拍摄到那位会长身后的猪棚。一切看似都很妥当，可是刚一开口，问题就来了。她问："您的养猪场辐射了多少农户？"会长尴尬地摇摇头，说："记者同志，您说的什么射我听不懂。"

她意识到了，农民根本不理解"辐射"一词的含义。当时，她的头就大了，一时间不知道该说什么，采访一度中断。最后，还是会长的那一句"您别叫我会长，我就是个养猪头儿"点醒了她。她想到了该如何解释"辐射"这个词，就换了一种方式问对方："那您这个养猪头儿，管着多少家呀？"这样一说，那位农民会长立刻就理解了，采访顺利地进行了下去。

后来，她得出一个总结："人对自己的语言惯性得有一个自醒，很多人开口就带着自己的语言惯性，却看不到自身的问题。作为记者，不能用公文语言对老百姓说话。"

从这件事情里不难看出，女人要做到巧舌如簧，不只是懂得多、说得好就行，还要结合对方的身份和地位来选择性地用词。

就拿女主持人遇到的事情为例，农民朋友平日里说话多半很直白，很少用一些公文语言，跟他们聊天，自然就要随和一点，尽量用贴近他们生活环境的言辞来陈述，力求让对方听得明白。毕竟，沟通首先是以互相明白对方的意思为基础，如果别人根本不知道你在说什么，你说得再流畅、再华丽，问的问题再有特色，也没意义。

女人在与人沟通时，一定要注意对方的身份和地位。毕竟，不同身份和地位的人，生活的环境不一样，接触的人和事也不同，彼此之间能找到的共鸣点也不尽相同。

李姐开饭馆已经快十年了，生意一直很好，跟许多顾客都成了朋友。不管是新顾客还是老顾客，提起李姐来，就三个字：会说话。中午饭馆忙的时候，她总是亲自招呼客人，不管是年轻靓丽的城市姑娘，还是穿着朴实的乡下大叔，她都能把话说到人心里去。

看到戴着眼镜的斯文男士来吃饭，她礼貌地说："先生，您要用餐，这边坐。店里新出了清淡爽口的凉拌鸡丝，要不要尝一下？"穿着工服的工人进店，她热情地说："师傅，今天来碗什么面呀？"乡下的大叔进店，她一样笑脸相迎，说道："大叔，趁着身子骨硬朗，多来转悠转悠，改善改善生活，想尝点什么？"

李姐可谓是做到了"见什么人说什么话"。对知识分子说话，言辞文雅而委婉，听起来让人觉得礼貌之余还带着热情；对工人师傅，没有表现出任何的不屑之情，说话直接爽快，推荐的东西也符合对方的经济条件；对乡下的大叔说话，通俗朴实，还带着一份关爱和祝福，老人听了自然也觉得顺耳。

形容女人口才好，懂交际，往往都用八面玲珑、左右逢源这样的词，其实意思说的就是为人处世圆滑，说话做事面面俱到，不死板、不做作，无论跟什么样的人相处，都能给对方留下不错的印象。世上不同的人，有着不同的兴趣爱好，有着不同的身份、地位和文化修养，睿智的女人，一定要抓住对方的这些特点，选择合适的语气、合适的言辞，这样开口才不会错，才能赢得人心。

读懂人心，按对方的喜好去说话

　　每个人都是独立的个体，都有自己的个性与需求。倘若自己的个性得不到尊重，内心真正的需求得不到满足，就会产生一种厌烦感。说话亦如此，女人在沟通交流时若不顾对方的个性和需求，说话就很难进行下去，甚至还会惹来对方的不悦。

　　生活中时常会遇到这样的女人，本有一颗善意的心，待人也挺热情，谁需要帮忙她都不吝伸出援手，可周围的人对她的评价却不怎么好。究其根源，就是说话太随意了，根本不顾及他人心里在想什么。比如，对方很爱美，好打扮，她却不管不顾地说对方胖了，脸色不好，她说这样的话可能并无恶意，可对方听了肯定会不高兴。再如，别人家里遇到了不幸的事，想安慰别人，缓解一下难过的心情，就邀请对方去看喜剧电影，说人生苦短，要及时享乐。在那样的情况下，这种安慰必然会引发对方的反感。

　　有句话叫作"同声相应，同气相求"，意思是说：同样的声音能引起共鸣，同样的气味会相互融合。女人若想把话说进人的心坎儿里，就得学会揣摩别人的心思，投其所好而避其所忌。当你说的话跟对方心里想的不谋而合时，他自然非常愿意跟你继续聊下去。要是说不上两句话，就觉得彼此"不是一路人"，自然也就没了聊天的兴致。

　　一位富商曾经极度好利，若有人向他建议致富的方法，他一定全盘接受。然而，到了晚年的时候，他的好利竟然变成了好名。只是，这种悄然无声的心理转变，鲜有人知。此时，一位做理财顾问的女士，设法与富商见面，想向他推荐一款理财产品。谁知，富商听了之后，毫无兴趣，淡淡地说："我现在不想再发财了，我在谋求散财之道。"女士一听，大感意外，只好悻悻地离开了。

不清楚对方心里在想什么，究竟需要的是什么，就贸然前往，让对方接受自己所说的东西，显然不可能有好的结果。说话是一门艺术，需要讲求技巧。

记得有一则寓言故事，用来说明这个问题再合适不过——

大门上挂着一把坚实的大锁，一个铁杆费了半天的力气，也没把锁撬开。这时，钥匙来了，铁杆对它不屑一顾，看不起它那瘦小的样子，心想："我都撬不开，更别说你了！"

钥匙很淡定，瘦小的身子往锁孔里一钻，轻轻一转身，大锁"啪"的一声就开了。旁边的铁杆很生气，怨声载道："我费了那么大力气都打不开，怎么你轻而易举就把它打开了呢？"

钥匙笑着说："因为我最了解它的心。"

生活中，每个人的心上都有一把锁，如果不了解锁眼的构造，任凭你费多少口舌、花费多少力气，也难以打开对方的心。唯有读懂了对方，把自己的言行化成一把精确的钥匙，无须费力，三言两语甚至轻轻的一个动作，就能够让对方为你敞开心门。

美国前总统罗斯福，就是一个深谙人心的智者。在跟对方交谈的前一天晚上，他总会仔细翻阅对方感兴趣的材料，这样一来，在第二天正式交谈时，他就可以轻松地找准话题，与对方产生心灵上的共鸣。哥马利尔•布雷弗曾经在一篇文章中这样形容罗斯福："无论对方是一名牛仔或骑兵，还是纽约政客或外交官，罗斯福都知道该对他说什么话。"

对于女人来说，要想生活和事业上都顺心如意，就要学会处理复杂的人际关系。唯有赢得人心，才能得到支持与肯定，远离人际关系的隐患，少给自己招惹麻烦。要赢得人心，首先就得学会读懂人心，知道对方在想什么，按照他喜欢的方式去沟通、去相处。

某日，一位著名的表演艺术家到上海参加一场演出。演出结束后，不少媒体都争相上前采访，结果却被婉言谢绝了。眼见无望，多数记者也灰心了，想着打道回府。这时，一位女记者敲响了艺术家的房门，正当艺术家要开口拒绝时，女记者说了这样一番话："老师，我非常喜欢您的表演，也知道您现在很忙，也很累，但我想就您演出时的一些细节，提出一些不太成熟的个人看法，因为时间太紧张了，我只好冒昧地在这里跟您提了……"

作为知名的艺术家，他听到的夸赞声太多了，可对于提建议这样的声音，却是很少听到。女记者的话让艺术家感受到了她的心意，他便热情地接待了她。结果很显然，女记者拿到了独家资料，这一切全在于她读懂了艺术家的心理需求。

当然，读懂人心绝不是一朝一夕就能学会的事，这需要女人在平日的工作和生活中，用心观察周围的人和事，发现他们的喜好，经常聊的话题，从而得知对方感兴趣的话题。除此之外，还要察觉出对方平日对什么事情表现得比较冷淡，或者反感，那往往就是他心里不可碰触的地方，对于这些事，以后聊天时切忌谈起，以免让彼此陷入难堪的境地。

一个擅长沟通、口才出众的女人，最大的魅力就在于，她能让每一个跟她聊过天的人，都觉得她是最好的谈话对象。学会尊重对方的个性，满足他人的心理需求，这样的女人，才是真正会说话、会聊天的女人。

男女心理有差异，沟通方式也不同

一位心理学教授在上课之初，在黑板上写下一句没有标点的话——女人如果没有了男人就恐慌了，请在座的同学为这句话加上标点。

片刻之后，老师开始询问结果，有意思的是，男生和女生"各执一词"。

男生们把这句话改为："女人如果没有了男人，就恐慌了。"

女生们把这句话改为："女人如果没有了，男人就恐慌了。"

这个小小的测试，直观地表明了一点：不同性别的人，站在各自的立场上，会产生不同的言语反应。男人和女人在说话时有很大的差别，而这种差别是由性别的心理差异引起的。同样一句话，说给男人和女人听，会有不一样的反应；反过来，在与男人和女人说话时，就算是表述同一件事，也不能说一样的话，否则肯定会惹来麻烦。

女人爱美，怕别人说自己老，怕别人说自己胖，当着一个女人的面儿说她长得"老成"，有点壮，就算她嘴上不说什么，心里肯定会不高兴。你若说她有一种成熟的美，丰满富态，有韵味，她心里就舒畅多了。无论是怎样的女人，事业有成也好，柔柔弱弱也罢，她都希望别人欣赏自己的柔美，给予自己一种关注和保护，照顾她那小小的虚荣心，和一颗敏感多疑的心。年轻、漂亮、气质，是永远不会被嫌弃的话，强势、壮实、皮肤不好、胖，这样的字眼儿，永远不能脱口而出。

同样，当着一个男人的面儿，说他长得"老成"，挺有男人味儿，体格壮实，他会觉得这是一种赞美；若说他弱不禁风，太幼稚，无论是哪个男人，听了都会反感。健壮的体格、果断的处事能力、勇敢的性格、睿智的头脑、非凡的领导力，这些永远是男人最为骄傲的东西，适当地"捧着"男人说话，才会满足他们的心理需求。

总之，面对不同性别的沟通对象，女人一定要记住一些细小的要点，这非常关键：

对女人说话，一定要"哄"。哪怕说的不全是真话，把赞美和恭维稍稍夸大一点，她们听了也会喜笑颜开。女人可以允许别人说她不够聪明，但绝不能接受别人说自己不漂亮、不迷人。所以，遇到漂亮的女人时，直接夸她漂亮就行；遇到不漂亮的女人，可以夸她气质好，有才学，很温柔。

逢人减岁，遇货加钱。这一技巧，用在跟女人交谈时，屡试不爽。没有哪个女人喜欢听人说自己老，猜测对方的年龄时一定要减少几岁，哪怕对方长得很"老成"，也要往年轻了说。女人都有那么点虚荣心，看到她身上的穿戴，要带着恭维的语气来赞赏，哪怕一眼看出不是什么高端大气上档次的东西，也要用看行货的目光迷恋它们，充满羡慕地说："这东西一定很贵吧？看起来挺好的。"不要觉得这些话太肉麻、太虚伪，有时候善意的谎言，能让对方眉开眼笑，远远胜于说一句遭人冷眼的实话。

每个女人都很重视家庭，有时候，要恭维她们，撬开话题，不如就从她的伴侣和孩子入手。比如，对一位女士说："前几天我看到您先生了，没想到还是那么风度翩翩，您可真是有福气，遇到一个既能干又绅士的男人……"或者说，"听说您家的孩子在钢琴比赛上得了奖，真是了不起，早就觉得这孩子聪明，真是学什么会什么。"这些话，任凭哪个女人听了，心里都会生出一种骄傲感和喜悦感。

男人和女人不同，女人天生喜欢高高在上的感觉，注重内涵，需要在言语上"捧着"。男人不在乎谈论年龄，但非常在意本身的力量受到质疑。你可以说"您身体真棒，看起来挺健壮"，也不要说"您保养得真好"，后一种说法在男人看来，非常不中听。此外，男人对阅历也很看重，你可以说"您经历的事多，以后有问题我还得向您请教"，这样的话，往往能让男人产生一种满足感。

男人最不喜欢女性入侵他们的脑袋，比如"你在想什么"、"你当时怎么考虑的"、"你会不会觉得很累"这样的话，千万不要说。再者，你直接告诉对方，你理解他，还不如说"这不是一般人能理解的"，更能让男人找到自信感。事实上，男人思考问题的方式，确实跟女人有很大出入，很多时候，女人也真的难以理解和体会男人的一些独特感受。

当然，"捧"是一回事，但不要低估男人的理性。如果你的恭维和赞美听起来并不靠谱，也没有迎合他内心的需求，那就会给对方留下虚伪的印象，不愿意跟你交往，觉得你说话做事并非真心，只懂得溜须拍马。

现代人常说，男人来自火星，女人来自金星，无论在生理还是心理上，也无论是在语言还是情感上，男人和女人都是大不相同的。在日常交往时，女人一定要记住这一点，用同性的心理去揣摩周围的女性，找到女人的共通之处，对沟通交流很有帮助；同时，也要适当了解一下男人的心理，用男人喜欢的方式与之沟通，才能够顺利地介入"男人帮"。

找到谈话的切入点，就找到了共鸣

　　她是公司策划部的主任，典型的职场女达人，做事干脆利落，为人亲和友善。都说中层领导不好当，既要完成上司的指令，又要维护下属的想法，让上下级之间保持融洽协调的关系，实在是一件不容易的事。不过，对她来说，一切都还好，在这个位子上待了三四年，还算是深得人心，没觉得太棘手。这一切，全仰仗着她那一副缜密的心思，和一张灵巧的嘴。

　　新来的文案是个腼腆多思的女孩，说话慢条斯理，不温不火，字里行间微微透着一股文艺气息。她欣赏这个女孩的气质，也挺喜欢她这个人，只是女孩平时有点冷淡，不知是因为刚刚入职不太习惯，还是本身就是孤傲的性子，总之和同事之间多少有些隔阂。偶尔有创意的点子需要沟通交流的时候，她也能明显地感觉到，那个女孩不能彻底地放开自己。可不容置疑的是，女孩非常有才华，算是一个难能可贵的人才。为此，她一直在寻找"突破口"，希望能打开女孩的心扉，让她放下心里的包袱，进入更好的工作状态里。

　　恰好，策划部的一个大项目得到了客户的认可，上司让她安排一场庆功宴。席间，大家都对此次的项目发表了看法，新来的文案在一旁听着，插不上嘴。她看出了女孩的尴尬，便主动跟她聊天，问："你平常会自己写点东西吗？"女孩点点头，笑着说："会写一点，完全出于兴趣。"她又问："是写博客吗？"女孩的脸上露出一丝惊讶，答道："嗯，是呀！你怎么一下子就猜到了？"其实，她在工作时无意间看到过女孩打开博客，便借此机会找到了这个话题。看到女孩的反应，她说道："我也有写博客的习惯，大概从2006年开始的，到现在已经挺久的了。有机会的话，我们互相链接一下。"女孩笑着答应了，顿时放松了许多。

宴会结束后，大家各自散去。她在回去的路上，给女孩发了一条短信："我很喜欢你的气质，我们的兴趣爱好也相似，有一首歌我非常喜欢——《遥远的妈妈》，推荐给你听，我想你会喜欢。"发完之后，她抿嘴一笑。

第二天早上，她的手机短信铃声响起，只见屏幕上有一行字："谢谢你，那首歌我很喜欢，很感人，再一次触动了我内心最柔软的地方。"

自那以后，她明显感觉到，女孩与她之间的关系亲近了不少。每次会面，女孩都会与她微笑；心里有什么想法，女孩也会尝试着跟她说。渐渐地，她们在工作中的沟通多了起来，而女孩的能力与才华也更好地被挖掘了出来。对她而言，多了一位能干且没有嫌隙的下属，自然是如虎添翼。

曾有人做过一个比喻：女人的社交圈，以自己为圆点，以年龄、爱好、经历、知识等为半径，构成了无数个同心圆。与别人的共同点越多，交叉面积越大，越容易引起共鸣。为此，在与他人沟通交流时，找到合适的切入点至关重要。切入得好，一切都会水到渠成；切入得不好，就可能从此产生隔阂。

不要担心找不到合适的切入点，虽然每个人的脾气秉性、兴趣爱好各不相同，但有些地方一定是相通的，这就是所谓的共性，比如亲近心理，关心自己最亲的人。找到这个突破口，就能与对方找到共同话题，打开他的心扉。

一位女作家，非常善于利用人们的亲近心，营造温馨的交际氛围。

　　一次，她到外地出差，对自己的新书进行推广宣传。当时，有一个穿戴整齐、看起来非常绅士的男人出来迎接她，表示问候。女作家连忙走上前去，与那位男士友好地握手，并十分热情地说道："您辛苦了！令尊还好吗？"那位男子顿时感动得说不出话来。之后，女作家的图书宣传签售会，进展得非常顺利。事后，她身边的助理不解地问道："您认识他吗？"女作家一笑，说："我不认识。但我想，谁都有父亲吧！"

　　就是这样简单的一句问候，女作家就在陌生男子心中迅速建立起了亲情意识，让他觉得女作家是个值得信赖、非常亲和的人，从心理上对她产生了认同感。生活中，女人如果遇到类似的情况，也不妨试试这个办法，先聊聊一些题外话，淡化彼此的生疏感，再逐渐地引入正题，效果远比直接谈论工作要好得多。

　　每个人的心里都有一块柔软而温暖的角落，那里住着自己最亲近的人。一旦他发现，你也在关心自己所关心的人，他会对你产生一种亲近感。所以，女人在说话时，不妨利用一下人们的这种心理倾向，以对方最关心的人作为切入点，拉近彼此的关系。

　　梅莉是一家化妆品公司的业务经理，她的许多客户都是靠"人情"赢得的。一次，梅莉在广州出差，恰好碰到了自己多年不见的朋友阿云。两人叙了叙旧，梅莉这才发现，原来她们两人竟然在同一所城市生活，阿云是来广州旅游的，没想到竟然这么巧，他乡遇故知了。

　　交谈中，梅莉问起了阿云的母亲，说："阿姨现在还好吗？身体怎么样？这么多年不见了，我还真挺想她的。"阿云没想到，梅莉还惦记着自己的母亲，心里一阵感动。之后，她和梅莉互留了电话和地址，说等回去了之后，请梅莉到家里做客。

　　一周之后，梅莉带着礼物来看望阿云和母亲，并留在那里吃了午饭。很明显，阿云将自己和梅莉在广州相遇的事告诉了母亲，而今看到梅莉带着礼物来拜访，心里也是备受感动。女人都是爱美的，谈话间说起了皮肤保养，梅莉顺带介绍了自己公司的产品，阿云和母亲都觉得，梅莉是熟人，又很热情，自然就成了她的新客户。

　　生活像是万花筒，遇到的人就像零零碎碎、形状颜色不一的碎片，都有自己的棱角、自己的个性。没关系，这并不影响日常交际，只要女人学会找出人的共性，将感动送至每个人心底最柔软的角落，那么不管对方是谁，都会与你产生亲近感。

第三章
"话儿"美不美，全在分寸之间

　　世上有不同的人，就会有不同的禁忌，女人在社交中，一定要管好自己的嘴，逢人且说三分话，未可全抛一片情，有的话不宜说得太明朗，有的话不可说得太尖刻，所说点到为止，话到嘴边含半截，响鼓不用重槌敲，皆为说话分寸之大理。

玩笑开过了头，就成了过分

　　笑靥如花、灵动如水的女人，永远都是生活圈子里最受人瞩目的焦点。她们不会板着一张没有表情的脸，也不会说一些生硬刺人的话，无论是和朋友交往，还是与同事相处，都懂得借助一些小玩笑来调节氛围，缩短彼此之间的距离。

　　玩笑，可谓是生活的调味品。一句体面的玩笑话，可以消除人与人之间的隔阂积怨，能够让气氛更加活跃融洽，有些不想、不便说的话，也能借助玩笑委婉地绕过去。绝大多数情况下，女人都知道玩笑适用于熟人之间，毕竟跟陌生人见面就开玩笑，显得过于随意和不尊重。可是，熟人之间说话就没有顾忌了吗？这一点，往往被很多女人忽略了。

　　玲子是办公室里的"开心果"，时不常地冒出一两句玩笑话，逗得大家前仰后合。同事都挺喜欢她这种直爽的性格，觉得跟这样的女孩子交往，心理没什么压力，很轻松、很随意。都说凡事过犹不及，玲子大大咧咧的，很多事都不往心里去，无意间说错了话自己都不知道，平白无故地也得罪过一些人。

　　她和同事翠关系一向不错。翠是个腼腆的女孩，说话细声细语，开会或是跟陌生人说话的时候，因为紧张会有些口吃。那次，玲子当着大家的面儿模仿翠口吃，办公室里好不热闹，这一幕恰好被翠看到了。当时，她没有说什么，只是脸颊一下子通红。

玲子对这件事并没有在意，此后对翠还像原来那般相处。可她明显感觉到，翠对她冷淡了好多，还有意地疏远她，就连工作上的事也尽量避免跟她接触。她私底下问翠，翠也只说没事，是玲子多想了。后来，玲子从别的同事嘴里得知，翠那天在公司里哭了，可能是玲子的玩笑伤了她的自尊。

不是什么事都可以拿来开玩笑，更不能因为彼此是熟人就可以毫无顾忌，没轻没重。有些事你觉得无所谓，却已经触碰到了对方的底线。不能说对方小气，换个角度想想，你的底线被人愉悦了，你还能大方地任由他人摆布吗？

同学相亲没成功，亲戚做生意上了当，朋友在宴会上出了丑，同事有一些小毛病⋯⋯这些事本来就应该给予同情的，要宽慰对方别在意，若是拿来取笑对方，不仅让对方觉得尴尬，还会让他认为你是个冷漠无情、只会说风凉话的人，甚至记恨在心。因为一句玩笑话，失去一个至亲至爱的人，实在得不偿失。

熟悉的朋友之间，开玩笑的目的是为了相互取乐，显得亲近。不过，玩笑不同于戏弄，善意的欺骗和无伤大雅的愚弄，可以让生活变得轻松愉快，但还是那句话，凡事有度，要掌握好分寸，如果把玩笑和戏弄混淆在一起，有时就会惹来麻烦。

陈薇在单位加班，突然接到女友的电话，说她的孩子摔着了。陈薇一听，吓得魂都没了，一路带着哭腔就回了家。回去之后，看到孩子在沙发上剪纸，什么事也没有，这才知道自己被骗了。

她气不打一处来，给女友打电话说："你这玩笑开得太过分了！"女友听后，不仅没有道歉，还在电话那头笑，说："今天是愚人节，别当真嘛！"她没再说话，直接挂断了电话，女友在她心里的形象简直成了"最佳损友"。

孩子对母亲来说，简直胜过她自己的生命。拿朋友孩子的人身安全开玩笑，实在太过分。不管是哪个做了母亲的女人，听到这样的玩笑话，也难以容忍。由此可见，不分时间、不分场合、不分性质的开玩笑，也许就会惹得别人不快，伤了彼此的感情。

在人际交往中，利用有趣的玩笑博得众人一笑，营造愉快的氛围，如此诙谐的女人自然会受到大家的喜爱。只是，开玩笑不是一件随意的事，玩笑开得好不好，有没有水平，直接透露着一个女人的修养和内心。要想让玩笑发挥预期的效果，就要掌握好分寸。

玩笑的内容不可太庸俗。开玩笑是运用有趣的语言，有技巧地进行思想和感情的沟通，玩笑的内容、格调，直接反映着开玩笑者的思想情绪和文化修养。内容积极、格调高雅的玩笑，听起来给人以精神上的享受，也可以给人留下美好的印象。如果玩笑的内容低俗，不仅让氛围变得污浊，还会让听者觉得，你对他不够尊重。

玩笑一定要充满善意。开玩笑为的是增进感情，如果玩笑充满讽刺的意味，或是试图借着玩笑发泄内心的不满，抑或取笑别人寻开心，势必会惹得对方反感。有些人可能当面不说，但心里肯定会有隔阂，不愿再与取笑自己的人接触。

玩笑要躲开忌讳的事。在长辈和晚辈面前，开玩笑千万不要放肆，尤其是不能谈男女之事。几辈同堂时，开玩笑要高雅，充满机智和幽默，积极有意义，才能感受到融洽和乐趣。与非血缘关系的异性单独相处时，最好不要开玩笑，以免引起反感和误会。

开玩笑要分清场合。在相对严肃静谧的场合，言谈举止都要稳重一些，切忌开玩笑。在喜庆的场合，开点无伤大雅的玩笑，倒是会增添喜悦的气氛。

开玩笑要视人而定。每个人的身份、地位、性格都不一样，对玩笑的承受能力也不同。有些玩笑对甲开，他开怀一笑；对乙开，他却阴沉着脸。所以，开玩笑一定要看对方的性格和心情。外向的人，玩笑稍微大些也能得到谅解；内向的人，敏感多思，喜欢琢磨言外之意，开玩笑就要慎重。不过，当外向的人遇到了不开心的事，也不能与之随便开玩笑；而内向的人喜事临门时，跟他开个玩笑也无妨。

　　不懂开玩笑的女人是无趣的，没有笑声的生活也是枯燥的。偶尔开个玩笑，融洽一下交谈的气氛，实乃人生一乐事。只是别忘了，每个人都有一个不能逾越的底线，一旦超过了这个界限，人就会爆发，导致情绪失控，失去理智。所以，开玩笑的时候，一定要把握好度。

说话时给自己留点儿余地

在《韩非子·难一》中，有一则"自相矛盾"的故事，想必多数人对此都有印象。

一个卖矛又卖盾的楚国人，他夸耀自己的盾说："我的盾很坚固，不管用什么东西都无法穿破它。"接着，他又夸耀自己的矛说："我的矛很锐利，不管什么东西都能穿破。"有人问他："如果用你的矛戳你的盾，会怎么样？"他哑口无言，不知如何作答。

有时候，把话说得太绝对了，没留一点余地，往往会因为意外而下不了台。这就好比吹气球，吹到一定程度就得停下来，给它留一点空间，如若不管不顾地往里面吹气，气球肯定会被吹破。不同的是，气球吹破了还能再换一个，话若说过了"头儿"，就很难挽回了。

女人在说话时，一定得学会给自己留点儿余地。

玫瑰辞职了，离开了她工作了五年的会计师事务所。走的时候，她心里有太多的不舍，可是不走的话，她实在不知道如何面对自己的新上司林菲。

她跟林菲是同年来到事务所的，先后只差了一个星期。在业务方面，她们不相上下，能力都很强。只是，玫瑰的性格有点火爆，林菲相对温婉一些。

不久前，玫瑰和林菲因为工作上的事发生了争执。她平日里就是那种风风火火的性格，争执起来自然不会示弱，林菲对她的态度也不满，两人越吵越凶。到最后，玫瑰气不过，所幸跟林菲摊牌："从今以后，你走你的阳关道，我过我的独木桥，老死不相往来。"

说这番话时她并没有多想，心想着反正日后谁也犯不着谁，无所谓的事。可没想到的是，三个月之后，事务所开始评级，林菲竟然成了她的上司。林菲虽然在工作上不服软，可私下里还算是个明事理的人，并没有因为吵架的事怀恨在心。可玫瑰觉得别扭，每次作报告的时候，都不敢直视林菲的眼睛，觉得实在是种煎熬。无奈之下，她只好选择辞职。

说话不假思索，不为日后考虑，往往就会把自己逼到这样尴尬的境地中。倘若当初没有把话说得那么绝，此时跟对方真诚地沟通一下，把疙瘩解开，也许还有缓和的余地。要知道，我们永远都不知道下一刻会发生什么事，这就像是在一条通道里行走，把后面的路都堵死了，等走到了尽头发现是绝境，想再回头时，后悔也来不及了。

花开半朵，酒醉微醺，这样的感觉是最舒服、最美好的。花开得太过，就离凋零不远了；酒醉得太厉害，就变成了闹剧。说话也是一样，话到嘴边留一半，不要出口就下定论，于人于己都有好处。

一位推销袜子的女业务员，为了证明自己所卖的袜子质量好，便在街头给大家做演示。她随手拿起一只袜子，并找到一位围观者，说："来，帮帮忙，拿住袜子的一端，使劲儿拉。"说完，就跟围观者对拉起来，众人都看见了，袜子的韧性确实不错。然后，她又拿起一根针，在拉得绷直的袜子上来回滑动，袜子竟也没有破，她说："看，怎么划都行，不抽丝。"接着，她又拿起打火机，快速地在袜子下面晃动，火苗穿过袜子，袜子也没有被烧毁。

她边做边说，这一幕，让在场的很多人都惊讶了。顾客们相互传看着袜子，有位顾客为了验证一下袜子的质量，也故意地拿起针，没想到刚一划袜子就破了。原来，顺着袜子的纹理划，才不容易划破，并不是怎么划都可以。另一位顾客要拿打火机烧，女业务员见此，连忙阻止，说："袜子并不是烧不着，我只是证明它的透气性好。"其实，袜子的质量是不错，可她刚刚的一番言辞，还是让顾客觉得充满了夸张和欺骗。

几天后，同样是在这条街上，另一个女孩也在销售这款袜子。底下有人问，这袜子结实吗？她回答得很巧妙："袜子不可能穿不破，就是钢还有磨损的时候呢！您说是不是？我只能说，这款袜子，相比其他的袜子来说，韧性大，不容易抽丝。"说完，她也和前一位女业务员一样，用针在袜子上划，用打火机在袜子底下晃动，只是做这一切的时候，她都配合着解释："这样烧，可不是告诉大家这袜子烧不坏，而是让您看看它的透气性。"

听她这么一说，原本有些爱挑刺的顾客，竟也挑不出什么毛病了。大家相互传看，买袜子的人也越来越多，一是觉得这袜子质量不错，二是觉得这卖袜子的姑娘也挺实在。

说话的程度，直接影响着听者的情绪。把话说得太满了，一点儿退路都没有，往往会给爱挑刺的人留下可乘之机。在电视和网络媒体上，我们时常会看到名人在面对记者的采访时，往往都喜欢说一些"模棱两可"的话，譬如"也许"、"大概"、"考虑"等不肯定的字眼儿。这样说的目的，就是为了留一点儿空间，容纳意外的出现。否则，一下子把话说到了家，万一日后出现点人为不可抵抗的事件，如何来自圆其说呢？

女人在说话做事时，一定要谨记留点余地，必要的时候也得学一些"外交辞令"。

别人请求你帮忙时，不要直接说"我保证"，要说"我试试看"、"尽量"；上司交给你一项棘手的工作时，不要信誓旦旦地说"没问题，肯定完成"，要说"我会全力以赴"。

　　不确定的词语，通常可以降低人们的期望值。你若没做到，他们会因为对你的期望不高而谅解。况且，期间看到了你的种种努力，也不会将你的辛苦和成绩全部抹杀。你若能出色地完成任务，他们会喜出望外，这种增值的喜悦，会给你带来很多好处。

　　说话不留余地，就等于不留退路。有时把话讲得太满，付出的代价是难以承受的。与其跟自己较劲儿，倒不如多用缓和、委婉的方式来说话，在适度和完美之间，找到一个平衡点。

任何时候都要顾及别人的面子

　　一位年轻的女律师，心性高傲，在辩论时总喜欢以咄咄逼人的姿态展示自己伶俐的口才。那次，她参与了一个重要案件的辩论。辩论中，法官说了一句："《海事法》追诉期限是六年，对吗？"话刚说完，她就直率地指出："不，法官，《海事法》没有追诉期限。"

　　此话一出，法庭内立刻鸦雀无声，似乎连温度都降到了冰点。年轻的女律师没说错，《海事法》的确没有追诉期限，可她在大庭广众之下指出了法官的错误，着实让对方下不来台。只见法官脸色铁青，闭口不言。这位声望卓著、学识丰富的法官，显然被伤了自尊和面子。看到这样的情景，女律师也意识到，自己犯了一个不该犯的错，可话已经说了，覆水难收。

　　尽管法律不偏向任何人，公正严明，但有些话完全可以换一种方式说出来，暗暗提醒，或是旁敲侧击，都比直截了当地毁掉对方的形象，伤害对方的面子，要好得多。倘若她能委婉一点，顾及法官的面子，也许事后对方对她还会心存感激，欣赏她做人做事的态度。

　　常言道："给他人一分脸面，他人必给你两分脸面；伤他人一分脸面，他人必伤你十分脸面。"没有人不爱面子，也没有人不寻求被尊重的感觉，人们判断他人对自己好不好的底线，是别人对自己是否尊重，是否照顾自己的心理感受。无论他私底下是什么样的人，但在公共场合，他都是很在意自身形象和尊严的。

对女人来说，"心直"，是一种值得称赞的美德，但"口快"却不值得恭维。我们常常会看见一些迷路的蜻蜓，在房间里拼命地飞向玻璃窗，每次撞到玻璃上都挣扎很久，才会恢复神智。之后，它在房间里绕上一圈，再鼓起勇气，朝着玻璃撞去，最终还是碰壁而归。其实，旁边的门是开着的，只是它忘了去尝试。为人处世也是一样的道理，很多话不要直来直去，可以绕个弯来说，婉言道出自己的意思，可以消除许多不必要的麻烦。

苏珊跟丈夫共同经营着一家建材公司。一次，丈夫带人给一家正在装修的店铺送地板，验货的时候，店铺老板一口咬定，他们送的地板和原先定的标准不一样，不接受这批货，还让他们赔偿自己施工延期的损失。

苏珊的丈夫是个火爆脾气，听对方这么一说，他也不耐烦了，看架势是想跟对方争论。苏珊拦住了他，和和气气地跟对方老板沟通，并且冷静地检查了这批地板的规格，又看了当时的订货合同，发现是因为他们本身对地板的材料不太了解，而自己搞错了。可若直截了当地说对方不懂，无疑是在羞辱他们无知。

苏珊一边观察，一边提问，一边巧妙地向对方解释衡量地板质量的标准。言谈之间，让对方听起来，确实是自己不太专业，混淆了地板的规格标准。最后，他们不仅爽快地接受了这批货，还向苏珊的公司订购了其他东西。

人活脸，树活皮，每个人都有爱面子的特点，足够聪明的女人，总能知道什么时候该静静地面带微笑地听别人说，什么时候该给别人找个合适的台阶下，什么时候该见好就收，不让对方为难，也不让自己显得太过苛刻。

某商场的女装柜台前，一位女顾客气愤地要求退货。那是一件外衣，谨慎的销售员莉娜仔细检查后发现，衣服已经穿过，并且有明显干洗过的痕迹。可是，直接这样说的话，顾客肯定不会承认，她只说丈夫觉得不好看、不适合她，一次都没有穿过，还精心伪装了没有穿过的痕迹。

莉娜做商场销售很久了，这样的事情也不是第一次出现。她对女顾客说："我想知道，是不是您家里的某位成员把衣服错送到了干洗店？我之前就发生过这样的事，我把刚买的一件衣服和其他衣服一起放在沙发上，我爱人没在意，直接把那些衣服都扔进了洗衣机。我想，您是不是也遇到这样的事了？因为这件衣服确实看得出，已经有洗过的痕迹，不信的话，我给您拿来一件新的，您对比一下。"说完，她热情地给顾客拿来一件新衣服，细细对比。

顾客哑口无言，知道无可辩驳。为了避免让顾客太尴尬，莉娜连忙说道："可能是家里人没在意，才把衣服送到了干洗店。"顾客顺水推舟，说可能是自己没注意，然后收起衣服走了。一场可能点火就着的争吵，就这样巧妙地避免了。

回顾生活，类似的事情比比皆是，女人总会遇到那些为谎言和错误寻找借口的人。面对他人的谎言，直接拆穿并不是最好的办法；用含蓄委婉的语言，在不伤害对方自尊的情况下，又让对方听出弦外之音，给他一个台阶，让他体面地收起自己的谎言，和和气气地解决问题，不是更好吗？

闲聊时避开不合适的问题

上帝在创造女人的时候，赋予了女人一个特性，那便是好奇心。不管他人的事是否与自己有关，心血来潮时都忍不住去刨根究底。向对方发问的时候，全然忘了每个人都有一种维护内心秘密的本能，遇到别人不得体的询问时，都会自然地产生逆反心理。

胡怡是一家公司的销售部经理，为人温和，脾气也很好，下属跟她相处起来，都觉得很舒服。新来的业务员小米，是个大学刚毕业的女孩，涉世未深，对同事还像对大学时的室友那样，希望与谁都成为无话不谈的朋友。胡怡在私下也听有些下属反映过，小米这女孩哪儿都挺好，就是有事没事的总爱瞎打听。

终于，小米有一天问到了胡怡身上。那天下班，她们同路回家，小米觉得胡怡能力强，说了一番羡慕和敬仰的话之后，突然问道："胡姐，你在公司待了快10年了吧？我看你跟客户都挺熟悉的，你有没有想过，自己单立门户呀？"

这个问题听得胡怡哭笑不得。她心想："这丫头真是不知深浅。单立门户是那么容易的事吗？我现在是公司的部门经理，我跟下属说自己要单立门户，这样的话传出去，公司领导会怎么想？"胡怡只好笑着转移话题，说："你呀，天天地都在想什么呢？你今天下午又联系昨天的客户了没有……"小米忘得也快，根本没意识到自己问错了话。

临近分别的时候，小米突然又让胡怡吃了一惊，她竟然问："胡怡姐，你有小孩了吗？"这番话，让胡怡尴尬了半天，她才遇到自己的另一半，婚还没结，何来孩子？她什么也没说，只是笑着摇摇头。这一路上，她可算见识到了小米的"厉害"，心想：幸亏都是自己人，改天让她去跟客户约谈，还不知道出什么乱子呢！

胡怡知道，小米只是内心单纯，许多为人处世之道还不太懂，言行偶尔显得有些离谱。为了提醒她，胡怡特意在网上找了一篇关于"说话之道"的文章，发了链接给小米，里面第一条就提到了"不该问的不要问"。她提醒小米，想把销售做好，得学会察言观色，更得会说话。

也许，是胡怡的间接提醒让小米意识到了自己的问题，也许是那篇文章点醒了她。渐渐地，小米的胡乱发问少了许多，跟同事之间说话也不再像过去那样，显得有分寸多了。后来，小米私下跟胡怡说："我现在才知道，以前自己犯了多少错误，说错了多少话。想想自己真是有点可笑，都不知道自己一直在给别人出难题。"

知错能改，善莫大焉。至少，在年轻的时候明白这一点，能够避免日后再犯错误，就算是之前给人留下了些许不好的印象，也还有机会弥补。怕就怕，女人到了中年，依然无事不问，喋喋不休地打探别人的私事，那会让人觉得实在太浅薄、太庸俗。

不管什么时候，与什么人交谈，有些话题都是不能触碰的，那是绝对的"禁区"。一旦不小心触碰了，就可能惹得一场无声的战争，影响聊天的氛围，破坏彼此的关系。

千万不要打探别人的隐私。女人的好奇心很重，与人接触时，心里会有不少的迷惑，在好奇心的驱使下，就渴望把一切谜团都解开。有时候，根本就忘了，那是别人不愿意透露的隐私。比如，对于在意身材的女人，切忌问她的体重；对于刚刚买了房子的人，切忌问多大面积，多少钱，贷款还是全款；对于工作不错的人，切忌问别人的薪水；对于大龄的青年，切忌问对方的婚姻状况。打听这些事，会让对方很反感，甚至恼羞成怒。

为此，在打算问别人某些问题之前，最好在脑子里先想一想，这件事是否涉及到了别人的隐私？如果涉及了，那就不要让它出口。问一些得体的问题，对方容易回答且愿意回答的问题，对日后的继续交往更有好处。

有些问题不要刨根问底。有时，你问对方去了哪里？住在什么地方？对方只回答一个地名，并未说出详细地址，那你最好不要继续追问下去。如果对方想让你知道，自然会告诉你，并且欢迎你的来访。否则的话，人家就是不愿意透露，你也不便再追问了。

别问对方不清楚的问题。如果你不确定对方是否能准确而充分地回答你的问题，那么最好不要开口询问。一旦开了口，对方又不好意思说不知道，会让情况变得很尴尬，而你也会感觉有点自讨没趣。

不要打听同行的营业情况。现代社会竞争激烈，很少有人愿意把自己的营业情况告诉别人，尤其是竞争对手。如果你跟对方是同行，那么类似工作上的事最好不要问，就算你问了，对方也不会坦白相告。只是碍于面子，人家还要想办法把这个问题搪塞过去，弄得彼此都挺难堪，实在没有必要。

生活中，多问问对方得意的事，问问对方想让大家知道的事，既能轻松地撬开别人的话匣子，还让对方觉得你是个知心人。至于那些对方不知道，或者不愿别人知道的事，尽量避免提到。要知道，问话的目的是为了引起彼此的谈话兴致，而不是让谁觉得为难，感到无趣。

替人保守秘密，少说是非

英国曾做过一项有趣的研究：以3000名不同年龄的女性为对象，测试她们保守秘密的情况，结果发现，每10个女人里就有4个人承认，不管消息多么私密，她们都难以做到守口如瓶。此外，研究还发现，女人平均每周会听到3条小道消息，有60%的人会传给一个毫不相干的人。由此，他们得出结论：女人一听到闲话，就会难以克制"与他人分享秘密"的强烈欲望，可谓是不吐不快。

这很容易理解，生活中大多数女人都喜欢交谈，通过交流与周围的人建立关系或巩固关系。尤其是当一个女人初入爱河的时候，这种喜悦和甜蜜，总会忍不住向闺中密友分享，如若不说出来，似乎快乐马上就会溜走似的。日后与恋人的发展，闺密自然也会知道得很详细。这似乎也从侧面说明了女人是难以保守秘密的。

A说，她总觉得，自己知道的秘密越多，就能证明人缘越好。所以，有段时间，她常常会说这样一句话："我跟你说一件事哦，你别告诉别人。"不管是当面还是在网上，看着对方迫切想知道的样子，她的虚荣心都会得到极大的满足。

读大学的时候，室友们都是十八九岁的女孩，凑在一起自然会说点小秘密。尽管话题很单一，无非就是"我的初恋是什么时候"、"我喜欢上了某某系的帅哥"等，可在说完之后，还是会再三嘱咐"千万不要告诉别人"。

可是，A天生就是难以替人保守秘密的人。如果对方就像平时聊天那样，随便说说那些事，她反而不会往心里去。一旦对方把事情上升到"秘密"的层次，她就总想忍不住说一说，一来证明自己知道得多，二来似乎可以拉近跟听者的距离。当然，A还是有原则的，那些挑拨离间的话，或是与秘密的利益相关者的事，她是绝对不会说的。

那个时候，她不知道泄露了多少秘密。所幸的是，她总是向同一个人吐露，在她看来，对方是最能守住秘密的人。她当时就想，如果这件事传出去了，那肯定是对方说出去的，毕竟她只把秘密告诉了她。

时过境迁，A工作之后，不再像读书时那么单纯，心智上也成熟了许多。别人对她说点什么，她虽然不太习惯压在心里，可再也不会想着去泄露。她以为，从此就会天下太平了，至少曾经泄露秘密的事，不会有人知道。

一次偶然的机会，她在网上和大学时的一位室友聊天，对方突然说道："今天，××突然跟我说起了大学时的事，她怎么会知道我曾经暗恋过谁？他们现在在一起了，弄得我挺尴尬的。"言谈之间，对方似乎在指责A，因为她只将秘密告诉过A。

A一时间不知道怎么回答，都是成年人，这时对人撒谎，似乎有点矫情。她只好说："我不是故意的，那时候太年轻……"闺密敲回一句话："唉，早该想到的，不过没关系了，都过去那么久了……"A听了之后，心里一阵别扭，不知对方是在安慰自己，还是让她去自责。

不管怎样，有了这次教训，她彻底明白了一件事：千万不要随便泄露别人的秘密，哪怕是最信任的人。弄不好，秘密传来传去，就传到了当事人的耳朵里。到了那个时候，真是百口莫辩，只能承认自己是个藏不住话的人。

这样的事，大概每个女人在成长的历程中都曾遇到过。幸好，那只是属于女孩子懵懂时的一点点小心事，即便周围的朋友知道了，也顶多只是觉得有些不好意思而已，不至于酿成什么太大的后果。但话又说回来，如果小事都难以做到保密，那么日后在工作上、管理上的大事，谁又敢托付与你呢？

一个值得信任、能博得众人好感的女人，当是心正口严者。有些事情，只能"耳入"，却不可"口出"，所以，关于他人的事，说得越少越好。因为你不知道什么时候说到兴头上，就把别人那些不愿意公开的事吐露出来了。祸从口出，往往都是因为说话不慎或是一时冲动引起的。作为有修养的女人，千万别去嚼舌根，少点评头论足，少说是非之事，每句话出口之前要多思考，这才是智慧的处世之道。

心正口严并非是闷头不语，什么话都不说，而是要清楚哪些话可以说，哪些话不能说。所谓的秘密，往往都涉及他人的隐私、财产等敏感问题，这些事当然不可以乱说。另外，把秘密告诉什么人、告诉多少，心里也要有清晰的底线。比如，你可以对自己的好友说"我有个同事在闹离婚"，两个人之间没有交集，你也没有点名道姓说是谁，这就谈不上泄密。

替别人保守秘密，其实是一件很辛苦的事，努力压抑自己不说出秘密，有时会导致一种反弹效应，对秘密的顾虑会淹没自己的正常意识。如果心里有这样的压力，最好选择无害的方式宣泄出来，比如写到纸上，再把纸张销毁；或者对着很小的孩子、宠物等说出来，既能宣泄又不用担心泄露，以缓解内心的压抑感。

当然，若不想承担保守秘密的压抑，你也可以选择不听，这是你的权利，也是个人的界限。如果有人神神秘秘地要告诉你一件事，就算是自己的朋友，也不妨可以坦白相告："你最好还是别告诉我啦，我害怕听秘密。"放开无谓的纠缠，彼此独立，彼此保护，也不失为一种恰当的相处方式。

闺密之间不要"谈情说爱"

一部都市女性剧《好想好想谈恋爱》，掀起了无数有关闺密的话题。闺密，是亲情、爱情都不可替代的一种特殊关系，在女人的生命里有着举足轻重的位置，开心的时候，没心没肺地胡侃一通；失恋的时候，抱在一起陪你哭、陪你闹。

当女人拥有闺密时，她可以毫不掩饰地分享自己的心事，甚至连最隐私的话题也可以告诉对方，以此来向对方证明：你是我最亲密的朋友。可是，大多数女人都忽略了，闺密可以好得像同一个人，但是有一件事绝不可以介入，亦不可说，那便是——爱情。

岚蜷缩在床上，孤单地看着碟片，像是一只受伤的蜗牛。想起几年前，也是在这样的房间里，她和闺密在床上看韩剧《对不起，我爱你》，感动得一塌糊涂。那时的她们，年轻单纯，心无芥蒂。那样云淡风轻般的美好，都随着一个叫伟的男生的到来，起了微妙的波澜。

伟是闺密的男友，他们相识在一间普通的书店，彼此间很谈得来。只是，伟的家乡远在四川，离深圳有些远，闺密觉得他真的是自己的灵魂伴侣，便忍不住把这件事告诉了岚。当岚第一次看到那个矮个子男生的照片时，再听闺密讲述伟的情况，她心里似乎并未替闺密感到开心，反而觉得伟配不上闺密。岚对闺密说，伟的家太远，在深圳没有房子，工作不好……诸如此类，意思是让闺密赶紧与伟断了联系。闺密内心那点快乐的火花，全被岚这番冷言冷语浇熄了。

岚似乎没有意识到这点，接下来的日子里，她依然会打听闺密和伟的消息。闺密一直在强调伟的好，说他和自己在精神上如何契合，可岚还是觉得，闺密是鬼迷心窍了。之前，她们两人总在QQ上闲聊，可现在一说起这件事，彼此都会沉默半天。岚和闺密提及自己和男友的事，闺密显得很冷漠。

渐渐地，闺密不再主动和岚联系。岚约她出去坐坐，闺密也开始找借口推脱，甚至关机不再回复。岚无论如何也没想到，曾经说过要一起老去的密友，而今却像是陌生人，心理上那么疏远。

终于有一天，她忍不住问闺密："是什么让我们之间变了？"

闺密沉默良久，终于在QQ上打出一串话："每次听你谈论恋爱的事，我心里就像戳了一根针。朋友之间，难道不该为彼此祝福吗？一边是最好的朋友，一边是自己的恋人，真的很纠结。你还没有跟伟真正地接触过，甚至没见过面，他就成了我们之间的'隔阂'，我不想这么痛苦。不是我不想跟你说话，而是我真的不知道该说什么了。"

最后，闺密还是选择跟伟在一起了。虽然岚已经跟闺密道过歉，可这件事的发生，依然在两个人之间扯开了一道裂缝，难以愈合成最初的模样了。

岚把这件事跟自己的男友讲了，男友说道："爱情这件事，只有当事者最清楚，就算是再亲密的朋友，也无法真切地体会到别人心里的感觉。朋友之间，谈什么都行，就是别介入对方的爱情。"

错过的，失去的，永远无法再回来。至于从前的那些姐妹情谊，岚也只好留在心里，当成一场回忆。这段往事，留给她的是遗憾，也是一场教训。

茫茫人海，能够相遇并成为闺密，一定是有特别的缘分。女人渴望异性的呵护与关爱，同时也需要从闺密那里得到亲密无间的情感分享。闺密之间，往往会谈到感情问题，遇到情感上的困惑或是感情受伤之后，最先想到的就是向闺密倾诉。有些时候，给予对方安慰是应该的，只是对于闺密的爱情和婚姻，真的不要介入太多，尤其是随意发表个人的评议。

情感是非常私密的个人领域，女人的成长环境、个人经历、价值观以及内心深处最隐秘的欲望，都是不一样的，这直接决定着她们对爱情的选择、对待情感的方式。

在爱情面前，即便是同样的问题，每个人做出的决定也是有差别的。闺密感情很好，但在判断感情的问题时，往往也是站在自己的角度和立场，给出的答案和建议不可能是标准的。更何况，爱情本就没有理性可言，在具体的感情纠葛中，用理性原则去给闺密提建议，根本是行不通的。

闺密之间可以分享各自的心事，但是关于感情的抉择、婚姻的归宿，有些话绝对不可以说，就像上面说到的岚，她的痛苦和烦恼，有一大半的原因都来自闺密。闺密找到了精神上的伴侣，觉得这双恋爱之鞋很适合自己的脚，而岚似乎忘了这一点，在闺密面前一直数落她男友的不好，建议她和男友分开。岚说这些话的时候，完全忽略了闺密的感受，闺密之所以把恋爱的事拿来分享，渴望得到的是祝福，是分享之后的双倍喜悦，而不是无谓的指责。

古罗马哲学家西塞罗说过："假如有一个人，你对他绝对信任，什么事都可以跟他说，就像和自己谈话一样，还有什么比这更愉悦的呢？"

谁也无法否认闺密情谊的珍贵，闺密是女人生命中的另一个自己，给予女人安全、忠实、真诚的感受，任何一个女人都渴望自己能够拥有一个亲密无间的好闺密。

可惜，闺密的情谊不是一旦得到就能一辈子稳固。作为闺密，倾听、安慰、分析形势都无可厚非，但切忌插足评论闺密的爱情，也不可大包大揽地为对方出主意。恋爱和婚姻不是一门生意，你也不是闺密的智囊团，谁的爱情让谁做主，你该说的、该做的，永远只是祝福。

说话讲分寸,点到为止刚刚好

国画名家俞仲林先生擅长画牡丹。一次,有位社会名流慕名买了他亲手绘的一幅牡丹图,回家后兴致勃勃地挂在客厅,还请朋友来观赏。某朋友来访看到之后,竟然说:"真是太不吉利了,这牡丹没有画全啊,缺了一部分。牡丹本是象征富贵的,现在缺了一角,岂不是'富贵不全'吗?"

听朋友这样一说,此社会名流再次端详墙上的画,大吃一惊。这件事,简直成了他的一块心病,牡丹缺了一角,这可如何是好。最后,他准备带着这幅画找俞大师,请他重画一幅。

俞大师听了他的理由后,哈哈一笑,说:"牡丹代表富贵,缺了一边,不正是'富贵无边'吗?"此社会名流一听,顿时大悦,说道:"哎呀,我怎么就没想到呢!"说完,就捧着画满意地回去了。

画家俞先生的一句"富贵无边",可谓是四两拨千斤。同样一件事物,不同的人看,不同的心态,结果自然也不一样。大师没有直截了当地说购画者不懂画,还巧妙地给"缺一边"加了一个吉利的解释,利己利人,说得恰到好处。倘若他对购画者的造访不屑一顾,疾声厉色地指责对方无知,不仅会惹怒对方,还会毁掉他在购画者心中的形象,得不偿失。

女人在生活中与人相处时,也要学会掌控说话的分寸,不能想说什么就说什么,不在意对方的感受和需求。恶语出口,挫伤了对方的自尊心,损害了自身的修养，那可谓是太糊涂了。如果说话不懂得分寸，有时候就算是做了好事，帮了对方，也未必能得到对方的好感。

吴小姐是个热心肠，见自己的表妹大龄还未出阁，就想把单位的一个男同事介绍给她。她对表妹说："这男孩子挺不错的，1.80米的个子，人也挺白净，父母都是退休教师。我觉得条件还不错，跟你也挺般配，去见见如何？"

其实，表妹心里已经有了意中人，只是对方已经订婚，她需要点儿时间来调整一下，暂时不想恋爱。她没好意思对吴小姐直说，就委婉地说："我现在挺忙的，暂时也不想交朋友，等以后再说吧！"

吴小姐是过来人，听了这样的话，自然知道表妹心里可能不太愿意。她是个急性子，语气马上就变了，说道："你到底怎么想的呀？都30岁的人了，给你介绍过好几个了，这也不行，那也不行，你想找什么样的呀？咱就是灰姑娘，别总想着白马王子。"

表妹一听这话，也生气了，说道："我现在就是不想谈恋爱，我都不着急，你操什么心呀？不想见就是不想见，这有什么错吗？干吗非要勉强别人。"

按理说，吴小姐给表妹介绍对象本是一番好意，不管成不成，对方都应当对她说句客气话。可问题是，吴小姐说话太没分寸，出口伤人，伤了表妹的自尊心。每个女孩心里都有一个公主梦，被人说成是"灰姑娘"，无疑会觉得自己被贬低了，怎么可能不生气？结果，惹得表妹不满，办了一件费力不讨好的事。

很多事就算心里知道，也不该这样直白地说出来。吴小姐当时若是这样说："恋爱这事谁也说不准，也许当时想着对方不太符合心意，可见面了就有感觉呢？见一见不吃亏，万一真的挺合适，就这样错过了怪可惜的，你说对吧？"一方面点出了对方可能心里有个"不可能"的人；另一方面也劝慰别人学会放手，别错过眼前的人，一举两得，说得又恰到好处，对方听了也绝不会那么反感。

明明心里没什么恶意，就是说话没分寸，那么善意的提醒，听起来也会变成嘲讽和数落。

同在小县城长大的两个女孩，一个女孩觉得老在小地方待着，实在有些憋屈，就萌生了到大城市闯一闯的念头。她把自己的心事告诉了另一个女孩，也就是她最好的朋友。

没想到，朋友一听，竟然这样说："在小县城还没什么成就呢，去了大城市更难了！大城市里人那么多，比你学力高的、比你有能力的人多了，你怎么能保证出去了就有好的发展？你看看咱们周围出去打工的那些人，有几个飞黄腾达了？有多大的本事干多大的事，你还是好好想想吧！省得到时候，后悔都来不及。"女孩听后，什么也没说。时隔很久之后，她心里还记着朋友的这番话，就像一个解不开的疙瘩。

每个人都有自己的思想和见解，有自己看问题的独特角度。作为朋友，在这个时候就算不说点鼓励的话，也不该泼冷水，打击别人的积极性。说话不是一个小问题，稍有闪失就可能招惹麻烦，影响交往。在面对各色各样的人时，说话一定要有分寸，切不可太直接，有些事即便心里清楚，也要点到为止。要知道，受人喜欢和惹人厌恶的区别，很多时候就在言语的那点分寸之间。

话不要太密，小心祸从口出

古人有云："言多必失，祸从口出。"

这句话，几乎所有女人都曾听过，遗憾的是，不是每个女人都把这句话听进了心里。不然的话，就不会有那么多的女人总是在滔滔不绝地讲话，毫无忌讳，该说的、不该说的，统统当成茶余饭后的谈资，言语间暴露了诸多问题也不知道，惹来了麻烦还不知何故。

L和安是同乡，三年前在安的介绍下，进入现在的公司做人事专员。两个人原本关系就很好，后来虽在同一公司同一部门工作，但两人的姐妹情并未受到什么影响。安工作能力略强，在处理人际关系方面也比较出色，后经过领导层的商议，决定晋升安为人事部主任。

升职后的安，成了L的直属上司。L倒也不错，在工作上鼎力支持自己的朋友，偶尔还会帮安一起带带部门里的新人。只是，过去只是安和L单独相处，说话的时候没那么多忌讳，可现在安毕竟是公司的中层，又是人事部的主任，自然要在下属面前树立一点威严。L大大咧咧的，根本没意识到这一点，好几次在说话时遭了白眼。

在L心里，安永远是安，是自己的朋友。当着新同事的面，她毫无忌讳地跟安大谈特谈过去："还记得吗？咱们第一次去办社保，你不知道在哪儿，竟然跑错了地方，急得都快哭了。""还有那次，你给公司的陈姐办生育津贴，结果给人家弄错了……"要么就是直截了当地评论安的衣装打扮："你这套衣服什么时候买的呀？我怎么没见你穿过？说实话，这颜色不是很好看……"

最初几次，安都容忍了，见L没有收敛，她便在QQ上跟L发了脾气："你能不能少说两句呀？有些事你我知道就行了，有必要拿出来给大家当笑料吗？咱们是朋友，可你多少给我留点面子行不行？你让我在新同事面前怎么做人？拜托你说话之前，先在脑子里过一遍，别什么话都拿出来说。"

相处这么久，L还没见安发这么大的脾气，说过这样的话。她回复了一声"知道了"，可心里却特别不是滋味，自己只是习惯了这样说话，没想到竟然惹出了这么大麻烦。冷静下来之后，仔细想想，她又觉得，自己在办公室里确实有点"多嘴"了。

真正明事理、会办事的女人，就算单独跟朋友相处，也不会什么话都说，更别说在职场里了。职场是工作的地方，你的一举一动，周围人都看着，很多话说者无心，听者有意。就算与上司私交不错，可说得话太多了，泄露的私密事情多了，甚至把上司过去的糗事拿来讲，无疑是犯了大忌。大度的上司就像安这样，能够容忍你、提醒你；遇到小气一点的人，也许从此就断了情意，形同陌路了。就因为多说了话，造成这样的结果，实在得不偿失。

记得《孔子家语》中记载过一件事：孔子到周朝观礼，进了后稷的庙时，看到三尊金铸人像，几次闭口不说话，而是在金人像的背后题字："这是古时说话小心的人，要以他为戒啊！不要多说话，多说话就会有更多过失；不要多找事，多找事就多祸害。不要说什么危害，那是很大的灾祸。"

言多必失，说得一点儿都没错。有时，说得话多了，会不小心触碰到别人的底线；更糟糕的是，一不小心说得多了，还会被人利用，后悔都来不及。

　　苏小姐是一家外贸公司的业务主管。在一次同行交流会上，她认识了另一家公司的业务员Z女士。两个人聊得很投缘，谈的话题也越来越宽泛，大有相见恨晚之意。苏小姐把Z女士当成了自己的知己，离开交流会之后，她们还相约去了商场。逛得累了，Z女士又爽快地请苏小姐喝了一杯咖啡。之后，她们又见过几次面，俨然成了好友。

　　两个月后，苏小姐打算将公司新的业务计划投入实际运作，不料却被客户告知，已经有其他公司在做了，他们与对方签了合同。这个计划，只有老板和业务主管苏小姐知道，公司里其他同事全然不知，谁泄露的呢？

　　苏小姐这才想起，是自己在跟Z女士喝咖啡时，不小心提到过公司的计划。她怎么也没想到，笑起来亲和温婉的Z女士竟是在利用自己。当然，她更自责的是，实在不应该轻信别人，什么话都说，要是当初嘴巴严实点儿，少说两句，也就不会这么麻烦了。现在，她要付出的代价是罚俸降职，永不重用。这些委屈，又该向谁说去呢？

　　"逢人且说三分话，未可全抛一片心。"此话听起来不那么温暖顺耳，却是不得不重视的事实。这"三分话"指的是，风花雪月、柴米油盐、天上地下、山海奇观，都是无关紧要的事，说得兴味淋漓，皆大欢喜，就已经很好了，完全可以避免"交浅言深"的麻烦。有些重要的话，特别是关于隐私、商业机密的事情，一定要把好口风。别忘了，祸从口出，往往就是说话之前没在脑子里多绕几个弯子，才不小心说漏了嘴。

　　女人与别人相处，尤其是交情微酣或话语投机时，千万要记得把好口舌关。该说的说，不该说的就藏在自己心里，不要觉得别人在倾诉知心话时，自己不说得多一点就欠了一份人情。人际关系往往不是单一的，给自己留余地，话不露尽，于人于己都有好处，这才是正确的交友之道，也是每一个游刃于生活中的女人必修的功课。

第四章
不经意间流露的赞美，没有人会拒绝

　　女人不要只专注于自己的优势和成就，没有谁愿意听他人夸夸其谈，反复诉说自己的风光；留意别人在谈论什么话题时最兴奋，那一定是他最得意、最引以为豪的事，抓住这一点，大加赞赏，一定可以润滑你的人际关系，让你处处受欢迎。

世上没有人不喜欢听赞美的话

酸甜苦辣麻等多种味道中，唯有"甜"不太遭人强烈排斥，除非身体严禁摄入糖分外。健康专家认为，人喜欢吃甜是正常的生理反应，因为自然界里面，甜的东西通常是无毒的，而苦涩的东西多半有毒。人的舌头顶端对甜的感受能力最强，可以说，喜欢吃甜的东西其实是人与生俱来的一种本能。

其实，人不仅仅嗜甜食，还喜欢听"甜"话。从心理学上讲，人们都喜欢把自己的个人快乐、幸福、价值观建立在他人认可的基础上。当别人的评价对自身有促进作用，受到了肯定与赞美时，每个人都会感到愉悦，同时也会对说话者产生一种亲近感，从而缩短彼此间的心理距离，形成人与人之间融洽完美的关系。赞美就像是一颗糖，而生活中几乎没有人能够拒绝这一特殊"糖果"的诱惑。

女人想要在人际关系中左右逢源，真正地吸引和影响他人，就要学会赞美。卡耐基曾经说过："想让别人保持某个正确的行为或想法时，就真诚地表示你的欣赏；想让别人改变某个错误的行为或想法时，就赞扬与此相对的正确行为。"一位女画家，非常希望自己的孩子有朝一日能在绘画领域里创作出比她更完美的作品。从孩子5岁时开始，她就教他学习绘画。也许是望子成龙的心太切，女画家对儿子的要求十分严格，甚至有些苛刻，动辄就批评指责，一会儿说画得不合格，一会儿又说颜色搭配得不和谐，弄得孩子无所适从。

转眼间，儿子10岁了，学绘画已经整整五年的时间。此时的女画家，对儿子彻底失望了，虽然她这些年一直严格指导，可孩子画出的作品总是不尽人意，她觉得，也许这孩子是真的没有绘画天赋，准备让他放弃，重新学一门谋生的技术。

就在她准备放弃的时候，一位外国朋友因参加画展来到中国，顺便看望女画家。这位外国朋友看了孩子的作品，又跟孩子进行了一番深入的交谈后，说这个孩子很有绘画天赋，只是教育的方法有点问题。

女画家听了外国朋友的话之后，表现得很惊讶："你说我的教育方法有问题？我画了三十几年的画，也取得了一定的成就，难道连教育孩子绘画的能力都不具备吗？"她很难控制自己的情绪，质问起这位外国朋友。

外国朋友十分肯定地说："不是你绘画技巧的问题，是你不懂赞美的魔力。"

这位外国朋友也是一位知名画家，带过不少学生，深知女画家教育上失误的真正原因。他向女画家提出了一个请求：试教孩子一年，看看究竟是教育方法的问题，还是孩子天赋的问题。女画家同意了。

一年后，看到孩子的作品，女画家简直不敢相信自己的眼睛。她发现，孩子的天赋甚至远远超过了自己。她问外国朋友，究竟是什么样的教育秘籍让孩子有了这样的进步。外国朋友笑笑说，孩子每画一幅画，我就对他说一句："噢！这真是一幅伟大的作品，你简直就是一个绘画天才。"女画家明白了，过去那些年，自己给予孩子的都是技巧上的教导，从未在言语上给予他任何赞美。

哲人说："当你用食指指着别人说三道四的时候，你的其余手指正指着自己。"心理学家说："赞扬对温暖人类的灵魂而言，像阳光一样，没有它，我们便无法成长开花。"

赞美之于人心，犹如阳光之于万物。无论是年幼的孩子，还是年迈的老人，人在任何时候都有一种渴望被肯定的欲望。世界上没有一个人在面对赞美时能够毫不动心，只是有些人会赞美，有些人不会赞美罢了。

玫琳凯被誉为美国"化妆品皇后"，她的成功有很大一部分原因，就是在管理上懂得运用赞美来激励员工。

玫琳凯公司的一位女推销员，工作非常努力，但因为经验不足，导致两次展销会都没有卖出什么东西。在第三次展销会上，她终于成功卖出了35美元的东西。在大多数人眼里，这个数目简直少得可怜，可玫琳凯却表扬了她，说："这次卖出了35美元，比前两次好多了，真的不错。"

老板的真诚赞美，让这位女推销员心里觉得暖暖的。之后，她凭借自己的努力，在玫琳凯公司创造出了巨大的成就，财富和名望都不断地增加。

一位著名的企业家说过："促进人们自身能力发展到极限的最好办法，就是赞赏和鼓励……我喜欢的就是真诚、慷慨地赞美别人。"

女人若是真心诚意地想与周围人打好关系，就不能只专注于自己的优势和成就，没有谁愿意听他人夸夸其谈，反复诉说自己的风光。你要学会去发现他人的长处、优点和进步，真诚地、慷慨地给予赞美。记住，是真诚地赞美，不是虚情假意地逢迎。

把握尺度，别把赞美变作了奉承

对于赞美的功效，多数女人心里都很清楚，只是在实际应用时处理得不总是那么恰当，偶尔还会弄巧成拙，给人以虚伪的感觉，觉得是矫揉造作，刻意奉承。

杨思思在公司勤勤恳恳地做了三年，算得上敬业，可就是没有升职的迹象。自我价值得不到肯定，让她不免有些泄气，产生了跳槽的念头。朋友说，跳槽意味着一切都要重新开始，倒不如现在多花点心思。在朋友的"点拨"下，杨思思恍然大悟：平日里，要多赞美上司几句，拉拢关系，上下级关系处理好了，让对方知道自己的"好"，才有升职的机会啊！

自那以后，杨思思把目光放在了自己的顶头上司何小姐的身上。

那天，杨思思在电梯里巧遇何小姐，刚好电梯里就她们两个人，杨思思觉得自己"表示"的机会到了。"您这条裙子真好看，是最新款吧？我没见过这种款式的呢，跟您的气质挺相配的。"何小姐听后，似笑非笑地看了杨思思一眼，说道："这条裙子我都买了两年了，经常穿的，你没见过？"杨思思尴尬得不知说什么好，只好一个劲儿地傻笑。

在公司里，只要看到何小姐起身去倒水，杨思思就连忙笑着过去，说："我帮您吧！"接着，就给何小姐端来了。她的这番殷勤倒也没白费，何小姐对她的态度比以前温和多了。就在杨思思暗自窃喜自己的方法奏效时，无意间却发现自己成了众矢之的。

"不就是一份工作嘛！何必像奴才巴结主子那样呢？"

"对呀，以前怎么没见她这样？现在恨不得给何小姐当丫鬟，样样代劳，就差代她去厕所了。最看不惯这样的人了，太虚伪。"

杨思思心里很纠结，没想到自己对上司的赞美，竟然成了别人眼中的奉承。究竟该怎么做才能既让上司满意，又避免他人的口舌呢？

想用赞美来维护人际关系，这一点无可厚非。之所以最后落人口舌，是因为方法用得不当，把赞美的话说成了奉承话。凡事有度，深了就显得太过分，浅了又显得力度不够。这就像海水里的含氧量，缺氧会导致鱼类窒息，超过一定的比例又会让海藻疯长。聪明的女人，在利用赞美这一利器之前，一定得弄清楚：赞美和奉承有什么区别？

曾经有人说过："奉承是从牙缝里挤出来的，而赞美是发自心灵的。"

真诚的赞美，源于内心深处对他人的认可，或者说在他人身上发现了符合自己理想和价值标准的地方。当你认识并与这个人接触时，会不由自主地想要去赞美他的这些优点。这种赞美是热忱的，出于真实的感觉，绝对不掺杂任何其他的用心。

奉承不同，它不是发自内心对他人的认可和尊重，而是基于内心的某种目的，试图用说漂亮话的方式来收获"回报"。奉承别人，嘴上的言语很动听，可脸上的表情却不够随意自然，内心也是冰冷的。在赞美对方的时候，心里想到的是如何收获自我的满足，完成与自己利益相关的事。这种奉承，明显是一种趋炎附势的恭维。

真诚的赞美，是实事求是、有理有据的夸赞。一个真诚的女人，在赞美他人时定会很有分寸，她知道世间没有完美的人和事，所以在评价他人时，绝不会用"最"这样的字眼儿，而是让人听了会感觉到，她是真的看到了自己身上的某些优点，而不是刻意在恭维。

奉承往往有些夸张，把只能用一般词语赞美的事物任意地扩大，甚至把他人身上不起眼儿的一些东西，变成优点。这样的赞美，听起来就有些虚假了，表面上是想博取他人的欢心，实际上心里打着自己的小算盘。一次两次也许不会被识破，但日久见人心，待人发觉你的自以为聪明之后，心里定会更加不屑。

赞美是一种说话艺术，运用得好，被赞美的人会感到心情愉悦，从而加深与说话者之间的情谊。奉承只是单纯地讨对方喜欢，使别人快乐也是出于达成自己的某些目的，处处计较个人得失，很难与人交付真心。

女人在赞美他人时，一定要把握好一个度，让你的赞美恰如其分、充满真诚，而且还要适可而止。要知道，赞美不是不分场合胡乱地说一堆好话，而是要发现别人身上真实存在的一些值得夸奖之处，这样的赞美之声，在别人听起来会比较真实、合乎实际。比如，同事穿了一件新衣服，在适当地夸奖之余，还可以跟她谈谈你近期光顾的一些精品店，作为分享；上司的孩子考上了大学，恭喜之余，也不妨顺势提一提不够优秀的熟人的孩子，让上司的孩子在对比中显得更加优秀。

当然，如果想在职场上平步青云，单单会赞美人是绝对不够的，说得再好也不如做得漂亮，不努力工作而整天只会说漂亮话巴结上司，不仅得不到上司的器重，还会惹来同事的非议。赞美不是工作的全部，只是融洽人际关系的一种润滑剂，想要在职场上有立足之地，还得靠自己的不懈努力，唯有努力加上足够的情商，才能出类拔萃。

在背后赞美别人，效果出奇得好

记得《红楼梦》里有这样一处情节：

贾雨村到贾府做客，贾政让宝玉一同来见客。依照宝玉的性情，他是最讨厌出席这样的场合的，他是不会愿意去的。史湘云劝宝玉说："还是这个情性不改。如今大了，你就算不愿读书去考举人进士，也该常常地会会这些为官作宰的人，谈谈讲讲那些仕途经济的学问，也好将来应酬世务，日后也有个朋友。没见你成年家只在我们堆里搅些什么！"

宝玉本就是一个追求自由的人，不喜欢被束缚，听到史湘云等人这样一说，心里更是恼火，反感不已。她冲着史湘云和袭人说："林姑娘从来就没有说过这样的混账话！要是她也说这些混账话，我早就和她生分了。"

碰巧，当时林黛玉就在窗外，无意间听到宝玉这样赞美自己，心里顿时倍感温暖："不觉又惊又喜，又悲又叹。所喜者，果然自己眼力不错，素日认他是个知己，果然是个知己。"之后，宝玉和黛玉间的感情大增，彼此更加亲密无间，开始互诉衷肠。

其实，依照黛玉那敏感多疑的性格，如果宝玉这番话是当着她的面儿说的，她不会认为是赞美，反倒觉得是为了讨好她或是打趣她。还好，宝玉是在别人面前赞美黛玉，而又不知道黛玉会听到，黛玉才觉得这种赞美是发自内心的，实在难得。

有时候，赞美并不需要绞尽脑汁地想多么华丽的辞藻，费尽心机地找各种场合去讨好别人，在背后"不经意"地说上两句赞美的话，就能巧妙地把心思传递出去，效果出奇得好。如果只是当人面儿说好话，说得不够恰当的话，还可能被当成了阿谀奉承。

在背后说同样的话，就完全不一样了。被赞美的人往往会觉得，这是肺腑之言，真诚恳切。毕竟，你冲着一个不相干的人去赞美他，不会有什么明确的目的，但这个赞美却会一传十、十传百，最终传到被赞美者的耳朵里。

两位平日里关系不错的女同事，后来因为一点小事闹了误会，每天在公司里抬头不见低头见，谁也不说话，都觉得挺尴尬。可是，碍于面子，谁也不肯先开口讲和。

某天，女同事A在网上看到一篇在背后赞美别人的文章，灵机一动，想了一个点子。她跟办公室里的其他同事闲聊时，不经意地说道："其实，C这个人挺不错的，特别热情，好几次我有困难的时候，她都主动帮我。所以，我心里一直都挺感激她的。"

果然，没过几天，这番话就传到了C的耳朵里。听到A在背后这样评价自己，她不由得生出一丝愧疚感。偶然的一次，两个人在卫生间里相遇，C主动向A示以微笑，两个人之间的嫌隙就这样无声无息地消除了。

生活中，在背后赞美别人不仅可以改变某人对我们的看法，还可以改变一件事对我们的影响。有些时候，当面的批评和指责，会伤害他人的自尊心，非但不能解决问题，还会引起对方的不满。与其这样去碰钉子，倒不如用赞美的方式来激励对方。尤其是，借用第三人之口来赞美别人的优点，更是一种巧妙的驭人术，会让当事人产生一种"使命感"，为了维护自己在他人心中的好形象，从而发自内心地做出一些转变。

艾莉丝·肯特太太聘请了一位女佣，为了多了解一下这位女佣的情况，她特意打电话给女佣的前任雇主。没想到，女佣的前任雇主在电话里告知，这位女佣有太多的缺点，她们相处得很不愉快。

女佣第一天到艾莉丝家里上班时，艾莉丝说："亲爱的，我给你的前任雇主打电话询问了一些你的情况，她对我说，你为人诚实可靠，而且厨艺非常好。唯一的缺点就是，对整理家居不是很熟悉，总把屋子搞得很乱。我想，她的话也未必都可信，你穿得这么整洁，一看就知道是个爱干净的人。我想，你一定能把屋子收拾得像你这个人一样整齐干净。我还相信，我们可以相处得非常融洽。"

听到艾莉丝说的话，女佣心里非常感动。她没想到，前任雇主对自己的评价这么高，而艾莉丝太太比前任雇主更加信任自己。为了这份美誉，她在工作中尽心尽力，每天都把屋子收拾得一尘不染。在艾莉丝家里工作期间，她们还成了无话不谈的朋友。

其实，这样的事情在生活中很常见，这个办法也适用于很多情形。

如果你想让自己的孩子变得爱学习，改掉一些坏习惯，就不要一味地说他这也不好、那也不行，而是在别人面前夸奖孩子。如果孩子听别人说，自己的父母一直夸奖自己，他会觉得父母很关心自己、很看重自己，进而产生一种"使命感"，变得更加积极主动。同样，在职场里也是如此。身为主管，如果你在某员工不在场的情况下，赞美他的工作能力，他会觉得自己的价值被认可，在日后的工作上更为努力。

在背后赞美人，能够满足他人的虚荣心，且显得非常真实。如果你说的赞美之言，超出了被说者的意料之外，那么对方一定会感怀在心，牢记着你的每句话，甚至在你早就忘掉自己的赞美之后，他们依然会如获珍宝般反复地从记忆里调取，慢慢地品味。总而言之，想与谁拉近心理上的距离，融洽彼此间的关系，那就试着在背后多说对方几句好话吧！

对方得意的事，是值得夸奖的地方

夏冰是个性格爽朗的女孩，不管是亲戚朋友还是周围客户，对方有怎样的性格爱好，她都能很快地跟对方打成一片。她的好人缘，全在于她懂得察言观色，巧妙地找出话题，悄无声息地赞美人。

一次年终聚会上，她的直属上司因突发情况要处理，不得不暂时离开。只是，他携同爱人一起来参加，自己走了，爱人独自参与聚会，谁也不认识，显得有些冷清。他知道夏冰能说会道，做事有分寸，就拜托夏冰关照一下自己的爱人。

当时，夏冰被上司介绍给他的太太时，两个人是初次见面，一点儿也不熟悉。为了避免尴尬，夏冰试图寻找点谈得来的话题。这时，她突然看到上司的太太脖子上佩戴的坠子，随口说了一句："您的坠子很特别，似乎并不常见。"

果然，这句话引起了这位太太的兴趣，她说："是的，这个坠子只有在巴黎圣母院才买得到。"夏冰的话，让她想起了关于坠子的种种往事，她的话匣子就这样打开了。

言谈之间，夏冰感觉到，上司的太太对饰品非常有研究，她便顺着这件事，赞美对方："看来您对饰品真的是很内行，我觉得，收藏饰品也是非常考验一个人的品位的，以后在这方面我还得向您多请教呢！"

上司的太太和夏冰相谈甚欢，全然忘了时间，待聚会结束后，她还觉得意犹未尽。回去之后，她跟先生说："夏冰这女孩真是不错，我跟她很谈得来。"

会说话的女人就是这样，懂得从欣赏他人入手，拉近自己与对方的距离，从对方最得意的事情说起，选择对方想听、想聊的事情进入话题，并借此机会给予对方真诚的、发自内心的赞美。

很多时候不是我们与他人没有共同话题，也不是他人没有值得赞美的地方，如果能多多留意一下对方最引以为豪的事，适当地赞美，就能相谈甚欢。

她是一位基层小学的校长，学校因无钱修缮校舍，多次请求有关单位拨款，却毫无实效。无奈之下，她想到向本县饲料厂厂长求援。之所以找该厂长，也是因为对方非常重视教育，曾经捐款五万元发起成立了"奖教基金会"。遗憾的是，她听说该厂近几年效益不太好，可想到全校师生的生命安全，她还是硬着头皮去找该厂长，竭尽全力一试。

她刚一进门，就说："李厂长，久闻大名。我前几天在市里开会，教育界同人对您的评价非常好，我真的是很钦佩。今天散会返校，我特意来拜访您。"

厂长一听，喜笑颜开，谦虚地说："您过奖了，过奖了！"

女校长紧接着说："李厂长，您真是远见卓识，首创'奖教基金会'，不仅实实在在地支持了咱们县的教育事业，更重要的是，现在已经由点到面，扩展到了外县乃至其他省市了，您现在可谓是名扬四海啊！"她知道，"奖教基金会"是李厂长最得意的事，就紧紧围绕着这件事来说，并对李厂长的所作所为给予充分肯定，李厂长听得满心欢喜。

正聊到了兴头上，女校长突然话锋一转，略带自卑地说起了自己的"无能"和悔恨："我是一校之长，看着校舍摇摇欲坠，天天为老师和学生的安全担忧，可又无能为力。要是教育界的领导都能像您这样，真心实意地爱惜人才，支援教育，那真是孩子们的福气了。现在，就为了两万元钱的修缮费，我已经申请了不下十次，还是不见分文。不瞒您说，这都成了我心里的一块大石头了！"

听到这里，李厂长激动得站起身来，拍着胸脯慷慨地说："校长，既然这样，您就不必四处求援了，虽说厂子的效益不怎么好，可是给孩子拿出两万元钱修缮学校，这个钱还是有的。放心吧，这事包在李某身上。"利用发自内心的赞美，女校长顺利地为学校募集到了两万元的修缮费。

选取对方引以为荣的得意之事，或者是对方引以为荣的人，对其大加赞赏，对方会不知不觉地产生一种成就感和满足感。在这种心理状态下，如果你有事情求助于对方，或是希望对方做出一个有利于你的决定，多半情况下都能如愿。

一家鲜花店的女店主，每次有顾客光临时，她总是显得热情而真诚，没怎么介绍店里的花，顾客却不好意思不买。要是一位母亲带着孩子光顾，她总会跟女士攀谈起孩子，把小孩子夸赞一通，说得母亲心花怒放，之后再说选花的事，顾客往往都会爽快地买一束。若是遇到恋爱中的小伙儿，定会把他和心上人一起夸赞一番，说他懂浪漫，说姑娘一定跟他很相配，再介绍一些寓意比较好的花，小伙子会欣然接受。

女店主身上没有商人的气息，字字句句都说到顾客的心坎儿里，让人觉得她真诚可信，就像一位贴心的朋友，可以聊聊天，可以提供一些建议，还能把你说得心花怒放。面对这样热情的人，很少有人会抗拒。

无论是年幼的孩子，还是心智成熟的成人，需要赞美的心理是一样的。在社会上行走，一定要善用"赞美"的魔力，注意别人在谈论什么话题时最兴奋，那一定是他最得意、最引以为荣的事，抓住这一点大加赞赏，一定可以润滑你的人际关系，让你处处受欢迎。

人云亦云太乏味，赞美要别出心裁

我们都可能听过这样一句话："对一个刚刚穿上新衣的女人，不能夸她的衣服漂亮，而是要夸她的人漂亮。"对此，有心理学家表示，这不过是相对的真理。最完美的称赞，不是盯着表面上的一些众所周知的事物来夸耀，而是那些出其不意的赞美，它才能给对方带来意外的惊喜，起到出奇制胜的作用。

漂亮话也许人人都会说，可是能否把话说到人的心坎儿上，令人心花怒放，那就要讲究技巧了。仔细留意生活中那些巧舌如簧的女人，她们对别人的恭维之词，毫不做作，既说得出人意料，却又在情理之中，让人不由得心生温暖，把她视为"知己"。

某市的一家大型企业顺利上市，女记者特意采访了企业的法人张女士。多年来，她把企业管理得很成功，经济效益和社会效益都非常可观，业内人把她称为"铁娘子"。

女记者采访张女士时，为了拉近彼此的心理距离，让采访氛围更融洽，特意说道："张董，大家都说您管理细致，我倒觉得，是您身上具有传统女性的魅力——温和、善良、细心。"

这一席话，说得张女士合不拢嘴。她连忙接话说："不少人都只看到我的表面，说我是'铁娘子'，其实他们并不了解我。"

无论一个女人事业上再怎么出色，其实她的骨子里也都有非常柔美的一面，这就是女人独有的天性。作为一个成功的女企业家，她听到最多的赞美一定是她事业上的成就、管理上的才能，真正赞赏她女性魅力的人并不多。女记者抓住了这一点，让她觉得很新颖，自然也说到了她的心坎里。

安德列·毛雷斯说过："当我谈论一个将军的胜利时，他并没有感谢我。但当一位女士提到他眼睛里的光彩时，他却露出无限的感激。"对被赞美者来说，他身上那些广为人知的大众优点，也许早就被人夸赞过无数次了，听得次数多了自然也就觉得无足轻重了。如果你能发现他身上那些鲜为人知的出众之处，当着众人的面儿讲出来，那么对他而言，无疑就像是收到了一份不同凡响的礼物，惊喜有加，并慷慨笑纳。

女人若想让自己成为受人喜欢的谈话者，就要不时地让对方感受到惊喜。放弃那些陈词滥调的赞美，人云亦云实在无趣，试着用新颖的、有吸引力的语言去赞美他人，既能显示出你的才能，也能让被赞美的人愉悦地接受。

记得某国的一部电视剧里有一处情节：父亲走进厨房，看到女儿正在做饭，他对女儿说："如果没有你做的美妙饭菜，就像天上没有星星那么遗憾。"女儿听后，笑靥如花。

一位美丽的女士坦言，别人反复夸她长得漂亮，她已经听腻了。突然有一天，有人跟她说："你的气质这么好，应该去当演员，给世界留下电影拷贝。"她觉得，这是她听过的对自己最好的夸奖。

如果不知道如何在赞美之词上做出改变，那就试着变换一下赞美的角度。每个人都不只有一处优点和可爱之处，要赞美得有新意，就得善于去挖掘一些他人很少发现的"闪光点"，就算你一时间没有发现更新的东西，也可以在表达的角度上来一点创新。

就像我们前面提到的记者采访女企业家的情景，不称赞她在经营方面如何出色，而是换个角度称赞她的女性魅力，就是一个很好的典范。如果是一位男士，那你还可以称赞他目光有神，风度潇洒大方，这些话绝对比毫无新意的称赞经营有方要受用多了。

卡耐基在《人性的弱点》一书中写过一件事：他到邮局寄信，没想到办事员的服务态度很差，一脸的不高兴。卡耐基把信递给他的时候，对他说了一句："你的头发很漂亮，我很羡慕你。"办事员听到这句话，又惊讶又兴奋，接着就露出了微笑，态度也温和了许多。

除了上面说的这些，女人在赞美他人时，还可以在表达方式上"做文章"。

富兰克林年轻时，曾在费城经营了一家小型的印刷厂。当时，他参加了宾夕法尼亚州议会的选举。选举前夕，一个新议员发表了一篇很长的演说，内容全是反对富兰克林的，甚至把他贬得一文不值，情况对富兰克林非常不利。可想而知，突然冒出来这样一个对自己满怀敌意的人，是一件多么令人恼火的事。可是，问题摆在眼前，怎么办呢？

对这件事，富兰克林如是说："对于这位新议员的反对，我当然很不高兴。不过，他是一位满腹学问且非常幸运的绅士。他的声誉和才能，在议会里有不小的影响。但我不会对他卑躬屈膝、阿谀奉承，以此换取同情与好感。我只是在那不久之后，用了一个特别的办法。

"我听说，他的藏书室里有几本非常名贵且罕见的书，就写了一封信给他，说我想看看这些书，希望他能够慷慨地答应。这个请求一提出，他很快就答应了。"

从始至终，富兰克林没有说过一句明显的赞美之言，可他用借阅图书的方式，不露痕迹地赞美了新议员，可谓是润物细无声。对方同意借阅，也就表明他领会到了富兰克林的好意，对他有了改观。

巴尔扎克曾经说过："第一个形容女人为花的人，是聪明人；第二个这样形容的人，就一般了；第三个再将女人比喻为花的人，纯粹是笨蛋。"

这番言语听上去虽有些粗陋，可道理却不假。女人在赞美别人时，一定要善于挖掘，从独特的视角出发，察别人所未察，言别人所未言，这样才能说出新意，给人留下深刻的印象。

用真诚的赞美，消融心里的冰川

生活像是一场又一场奇遇，你永远不知道在下一站会遇到什么样的人，会跟谁成为朋友，会遭谁的冷言冷语。但不管怎样，女人要记住一点：世界上没有不能交往的人，只有不合适的社交手段。碰到冷漠如霜的人，或是与人发生了摩擦，与其哀叹处世艰难，不如主动去寻找他人身上的优点，用赞美的话来消融他人内心的冰川，和彼此间的隔阂。

唐嫣公派到美国工作，身在异国他乡，远离亲人和朋友，最初的那段日子，她确实有些不习惯，经常会觉得孤单落寞。为了让自己尽快适应在美国的生活，不因情绪而影响工作，周末的时候，她开始主动拜访周围的邻居。多数邻居都很友好，热情地招待唐嫣，唯独有一位名叫芭芭拉的中年女士，让唐嫣吃了"闭门羹"。

邻居们告诉唐嫣，芭芭拉性格很古怪，在这里住了很多年，对谁都是爱搭不理的，一个朋友也没有。大家都劝唐嫣，以后不要再跟芭芭拉打招呼，可唐嫣每次看到芭芭拉的时候，还是对她微笑着问好。有时候，芭芭拉会盯着唐嫣看上一两秒钟，而后扭过头不再理睬；有时干脆用鼻子哼一声，表现得异常冷漠。总之，没有一点友好的意思。

住的时间久了，唐嫣发现一件事：芭芭拉虽然性格古怪，可她的花园打理得非常漂亮。在整个社区里，她家的草坪算得上是最漂亮的，种植的花也开得很美。每次看到芭芭拉，她总是在精心地修剪自己的草坪，就像对待孩子一样细心。

那天傍晚，唐嫣下班回家，路过芭芭拉家时，她像往常一样微笑着问好。芭芭拉依然是老样子，不耐烦地回应了一句。唐嫣没有继续往前走，她停了下来，用羡慕的目光看着芭芭拉家的花园。芭芭拉也注意到了这一点，看着有人驻足欣赏自己的"杰作"，她的脸色突然变得柔和起来。

芭芭拉朝着唐嫣走了过来，骄傲地说："这草坪是我几十年精心照料的结果。"唐嫣笑着说："真的很漂亮，我在咱们社区里，还没有见过比它更漂亮的呢！你真的很了不起。"谁知道，就这样一句赞美之言，一下子打开了芭芭拉的话匣子。

芭芭拉一反常态，竟然拉着唐嫣，指着草坪对她说："你看，那些爱尔兰雏菊是我花了高价买回来的……噢，还有那些新西兰香草，是我朋友送来的……还有，那边的荷兰郁金香，我花了很长时间才搜集到的。"芭芭拉的草坪就像一本故事书，上面的每株植物都有一个故事，她讲得很动情，唐嫣也听得兴致勃勃。

不知不觉，芭芭拉就跟唐嫣聊了一个多小时，眼看天色暗了下来，她居然邀请唐嫣在自己家里吃晚餐。就这样，唐嫣跟芭芭拉一起享受着丰盛的美食，一边开心地聊天，她听着芭芭拉讲述种植花卉的经历，后来又听她讲起了自己的故事，两个人宛若相识已久的故知。

后来，性格古怪的芭芭拉竟然和刚刚搬来不久的唐嫣成了朋友，只要唐嫣有什么需要帮忙的事情，芭芭拉定会第一时间赶来。也许是走出了自己封闭已久的小圈子，芭芭拉冷漠的性格也渐渐变得温和起来，开始主动和邻居们说话了。

赞美的特殊性就在于它的"美"，让听的人觉得舒服。谁都喜欢受到他人的肯定和尊重，听到别人的赞美，就算自己不是当之无愧，也会欣然接受。如果一个人用赞美的话来称颂你，想想看，你怎能不表现出大度、友好呢？

不要说普通人，就是一些有身份和地位的名人，在听到他人的赞美时，也会一改原来的态度。丘吉尔最初对杜鲁门的印象很不好，可后来他告诉杜鲁门，说之前低估了他。这种巧妙的赞美，不仅委婉地向对方道了歉，还缓解了彼此紧张的关系，让两个人的关系一下子变得亲密起来。可以说，赞美能够消除对方的戒备，改变对方的敌对态度，生活中与他人产生了摩擦和不快时，不妨尝试用赞美来消融。

一位年轻人在邻近的街区开了一家药店，经验丰富且颇有声望的药店主人帕克很不高兴。他指责这个年轻的对手卖假药，并且根本没有配方的经验。受到攻击的年轻人不服气，准备向法院起诉他。

在与律师交谈的过程中，律师劝年轻人："先别把这件事闹得太严重了，你不妨试着向他表示一下你的善意。"年轻人本来有些迟疑，但在律师的好言相劝下，决定一试。

第二天，又有顾客对年轻人提起帕克的言语攻击，他平静地说："我想，肯定是有什么事导致了他对我的误会。帕克是这个城里最好的药店主之一，他在任何时候都乐意给急诊病人配药，这种态度给我们同行都树立了榜样。我们这个地方正在发展中，有足够的余地可供我们两家做生意，一直以来，我都是朝着帕克医生的药店看齐的。"

这番话在城里传得很快，不久就传到了帕克的耳朵里。他听闻后，迫不及待地去见了自己的年轻对手，主动向他道了歉，还把自己开办药店的一些经验告诉对方。一番真诚的赞美，就这样消除了对手之间的怨恨。

真诚是顺利交往的基础，没有人不被真心诚意的赞赏打动，包括那些看起来冷若冰川的人，也包括那些所谓的"敌人"。每个人都有可取之处，都有值得称道的地方，你只要大大方方地说出来，就能与对方进行友好的沟通，化解恩怨。多一个敌人，不如多一个朋友，既然只需几句话就能让彼此都高兴，为什么不试试呢？

第五章
有感情的声音，犹如一缕温暖的阳光

　　别人难过时，送去最贴心的安慰；别人失意时，送去最积极的鼓舞；别人不幸时，送去最舒心的理解。把语言当成沟通的纽带，用真诚感动身边的人，当女人如春风般温暖时，她所遇到的人，也将回赠她一抹阳光般的微笑。

富有感情的声音，更易赢得好感

　　英国博物学家威勒德•普赖斯在《哈尔罗杰历险记》一书中，杜撰了一个机智勇敢的15岁男孩罗杰，书里对他和其探险中所遇到的动物们交往的情节，描绘得十分动人。

　　罗杰先是遇到了一只北极熊，这只庞然大物四足落地时有1.5米高，和罗杰一样高，站起来的身高足足有3米多高，只消几口，就可以把罗杰吞掉。面对这样一只巨兽，罗杰并没有恐惧得跑掉，而是温柔地爱抚着它，轻声细语地跟它说话，就像在跟一只宠物猫咪交谈。这只北极熊显然听不懂爱斯基摩语，也听不懂英语，可它能够分辨出人说话的语调。罗杰在它耳边轻柔地说着话，它就努力模仿，发出"呜呜"的声音来回应他。后来，这只北极熊就成了罗杰的宠物和帮手。

　　后来，一只北美驯鹿闯入了他们的雪屋——伊格庐里，野性大发的它用漂亮的犄角四处乱撞，还用后蹄到处乱踢。罗杰很勇敢，抓住了驯鹿的一只鹿角，用另一只手去抚摩它激动的脖子，还对着它的耳朵说一些虽然没有任何意义却很动听的话。他一边爱抚，一边轻轻地说话，说了大概有10分钟的时间。结果，驯鹿真的不再挣扎，而是用双眸凝视着罗杰，看起来温驯无比，完全没有了恶意。

　　这听起来似乎有点不可思议，可事实上，这是有事实依据的。不同语

115

言的人第一次交往时，通常不是用语言来沟通，而是用语音和体语来进行情感上的交流。就拿人类来说，最早的语言不是表达某种思想，而是表达情感和爱慕。罗杰跟动物们相处得那么融洽，多半是因为他温柔而友好的语音让动物们感受到了他的善意，得到了心灵上的沟通。

跳出奇幻的故事，回到现实生活，在人际交往中，女人不妨多运用一下"声音形象"，用温柔的声音打动他人，赢得对方的好感。心理学家认为，声音决定了女人近四成的第一印象。当人们看不到你的样子时，音质、音调、语速的变化以及表达能力，决定了你说话可信度的85%。毫不夸张地说，声音就是女人在社交场上的第二张名片。

写字楼的电梯总是格外地拥挤，陈先生的身边站着一位优雅的女士，也许是出于天生的某种怜爱之情，陈先生尽可能地用自己的身体挡住其他拥挤的人，试图让这位优雅的女士站得舒服一点。到了23层，优雅的女士准备要出电梯，陈先生连忙把路给她让出去。

望着美丽的倩影，陈先生依旧很沉醉。这时，优雅的女士似乎碰到了自己的同事，开始跟对方打招呼。陈先生愣住了，以至于忘了关闭电梯门，那个语态粗俗、音质嘶哑的声音，是她发出来的吗？陈先生轻叹了一口气，心想：可惜了。刚刚那优雅的身姿，已经完全随着那粗俗的声音彻底消失了。

女人在社交中，不要只重视外形给人的印象，声音一样很关键。与人交谈，就好比一场朗诵比赛，那些富有感情的美妙声音，往往会让听者融入到谈话之中，进而产生共鸣。如果声音没有感情，不够美好，那就失去了朗诵的目的。毕竟，人是情感动物，情感透过声音和语言的流露，会让谈话的内容变得生动，进而打动对方。

一位知名的家庭教育专家，不管在哪儿开设讲座，总是人员爆满，现场的气氛也很高涨。女专家说话的声音不高，音质也很普通，可是讲起话来非常富有感情。也许，是因为她把自己这些年教育子女的情感和心情都融入到讲解中了，所以讲起来很生活化，让台下的家长们觉得很有共鸣，几乎每个问题都说到了他们的心里，专家提到的那些在子女教育中的困惑和不解，正是家长们日思夜想的问题。对于家长们的提问，她也总是柔声细语地解答，言语中夹着理解和关爱。

有人曾经做过这样一个比喻：社交犹如一场戏，每个演员或许都未曾经历过剧中人物的生活，可还是要竭尽全力去找对人物、剧情需要的情感思路。同时，在社交场里，每个人也要随时能够入戏。演员有演技高低之分，本色的演出往往会更加出色。说话也是一样的道理，当声音的表达与内心的感受最接近的时候，情感传递得就越到位，效果也会更好。

声音富有感情的女人，就像冬日里的一缕阳光，带给人无限的温暖和舒适。身为女人，没有出众的样貌没关系，至少你可以让自己体态优雅；不会说华丽的辞藻没关系，至少你可以让声音悦耳动听。要知道，你的声音，代表着你是怎样的人，代表着你内心的想法。当他人感受到了你的真诚，领略到了你内心的充盈，纵使你荆钗布裙，话语平实，却依然不掩美丽，不失美好。

温和的言语让人如沐春风

没有人会喜欢一个语气生硬、粗暴无礼的女人，也没有人会欣赏一张尖酸刻薄的面孔。当女人在言谈中少了温和的气息，势必会招惹诸多的不顺心和他人的怨恨，遇到语言"夹生"的女人，多数人都会选择避而远之，或是嗤之以鼻。

一位外形时尚的美丽妇人，牵着一头身形壮硕的大狗，在公园里散步。大狗也许被圈在屋子里太久，很久没有出来"撒欢儿"了，一进公园就显得格外兴奋。它用力地挣脱女主人的牵绊，在散步的人群中左奔右突，吓得好几个孩子直往父母的身后躲。接着，大狗又在一位老人的脚后闻闻嗅嗅，老人也被吓坏了，生怕大狗会咬着自己，就大声地喊："这是谁家的狗啊？这么大的狗不拴在家里，万一咬着人怎么办？"时尚的妇人白了老人一眼，柳眉倒竖，破口大骂："吓得就是你，多嘴的死老头。"公园里的人见此纷纷指责，她却若无其事地牵着狗走了，老人被气得半天说不出话来。

貌若天仙、时尚靓丽又如何？一个缺乏教养、善恶不分、口出恶言的女人，永远都不会突显她的高贵和不凡，只会让她在众人面前成为肤浅的小丑。行走在世间，温和美丽的语言，才是女人最好的名片。

孔子在《论语》中说道："年四十而见恶焉，其中也已。"此话的意思就是说：一个人如果到了四十岁，还是经常招人厌恶，那么他的一生就完了。仔细观察不难发现，言语尖酸刻薄不够温和，正是惹人厌恶的一大因素。那些说话带刺儿的女人，不管在家里还是在职场，总是会引发无聊的"口水战"，闹得一塌糊涂，让自己和周围的人都不开心。这样的女人，往往家庭不幸，人际关系也很糟糕。

展现自身能量、凸显不落俗套的方式有很多，温和便是其中之一。不要以为声势大、摆出一副不可一世的样子，就能让所有人心悦诚服，要知道，柔能克刚。很多时候，女人的温和柔软，比粗暴刚硬更有力量。

记得有一位名人说过这样的话："如果你握紧了拳头来见我，我可以明白无误地告诉你，我的拳头比你握得更紧。但如果你来我这里，对我说：'我想和你坐下来谈一谈，如果我们的意见相左，我们不妨想想看原因何在，问题主要的症结又是什么。'那么，我们不就可以看出，彼此的意见相距并不是很远。即使是针对那些不同的见解，只要我们带着耐心，加上彼此的诚意，我们也可以更接近。"

阴柔是女人与生俱来的特质，在社交中，女人要充分发挥自己的柔美，来应对一些棘手的难题。温和像水一样浸透对方干涸开裂的心田，用温和的语言去化解彼此之间的隔阂与尴尬，不仅能换来他人的理解，还能充分彰显女性的温和之美。

一天，商场的电器专柜那里异常热闹，不少人驻足围观。一位中年男士要求退电饭锅，态度十分强硬："我上个月才在你们这里买的电饭锅，这才多长时间啊，饭都煮不了了，你们这个明显是伪劣产品。今天就得给我换一个新的。"

商场的营业员看着那个已经用得粘满污渍的电饭煲，耐心地解释："先生，按照规定，半个月内可以退货，可这个电饭锅您已经用了一个多月了，我们只能帮你免费维修，不能退货了。"

男士根本听不进去，依旧在柜台前大吼大叫，还不时地冒出两句脏话，那架势摆明了就是不退货不罢休。面对这样的僵局，电器专柜的女主管走了过来，向营业员了解了情况，为了避免继续争吵和影响柜台的正常营业，女主管温和地对这位男士说："这个电饭煲已经用了一段时间了，按照规定，超过半个月是不能退的。如果您执意要退，那干脆卖给我吧。"

就在女主管准备掏钱的时候，那个态度粗暴的男士脸红了，听着周围的人议论，他终于做出了让步，不再要求退货，只要求售后维修。

面对蛮横无理的人，一味地用以恶制恶的方式，根本不会起到任何效果。相反，温和的让步，恰恰是平息风波最好的办法。温和的态度，永远让人感觉如沐春风，就算对方还想争辩什么，可看到女人平静如水的姿态，也会不好意思继续争执，反而会自发地做出你所期望的行动。

女人要做到言语温和，首先要培养一颗温和的心。身体的行为和嘴上的言语，实际上都是内在心灵的表现，当心灵变得温和而细致时，言语自然会显得温和，说话也会讲究分寸，让人感受到温暖和舒心。

对人对事不够宽容的女人，很难做到温和；内心缺乏善良和同情的女人，也很难做到温和。她们不会在意他人的苦乐感受，不去观察自己的言行是否得当，就算伤了别人也浑然不知。可以说，心灵的温和是一种境界，是宽容和善良共同酝酿出的果实。所以，女人要在平日里培养自己谨慎和细致的习惯，培养善良的秉性，说话做事多考虑别人的感受，对所用的词语也要仔细斟酌。渐渐地，就能够让自己说话的语气和腔调趋于温和。

温和的言语就像春风，带给人无尽的温暖和祥和。每一个渴望能够成为美丽的女人，都应该让自己尽快地具备这样的素质。当你如春风般温暖时，你所遇到的人，也将回赠给你一抹阳光般的微笑。

别人难过时，少说自己得意的事

　　法国启蒙思想家孟德斯鸠说过这样一段话："我从不歌颂自己，我有财产，有家世，我花钱慷慨，朋友们说我风趣，可我绝口不提这些。固然我有某些优点，而我自己最重视的优点，即是我谦虚……"仔细玩味，会发现这番话里蕴含着深刻的处世之道。

　　人生总会有得意的时候，也总会有值得炫耀的地方，但最可贵的不是这些，而是低调和谦虚慎言。若不懂得收敛，明知某人正处于失意当中，还不懂得压制一下自己心中的"得意之事"，此行此举未免有点太浅薄、太不近人情了。

　　静结婚后不久，爱人就因病住院了。一个对爱情、对婚姻充满着无限憧憬的年轻女孩，还未来得及享受丝毫的甜蜜，就被眼泪和担忧包围了。爱人病得很重，医生说很可能会落下后遗症，导致左侧身躯不能动弹。恐惧之余，静心里更多的是自责。

　　恋爱的时候，静就听他说起过，经常会觉得头疼。她以为，不过是工作累了，歇歇也就好了，没什么大碍，一直没陪他去医院检查。没想到，一步错，步步错，竟酿成了现在的结局。她后悔莫及，新婚燕尔的甜蜜化成了一杯苦涩的水，她不知道自己是否真的有勇气咽下去，兑现婚礼上的誓言：不离不弃。

　　痛苦来袭时，静想给自己的心找个出口。她想到了倩，那个离她千里之外却一直被她视为知己的女子。她觉得，这些感受说与倩听，或许可以得到些许安慰。在她心里，倩是一个重情重义的女人，她希望从倩身上获取一些鼓励。

　　在网上，她把自己的经历跟倩说了，包括自己如何在医院里跑前跑后的忙碌。她万万没想到，倩开口的第一句话竟然是："我最讨厌去医院，要是我，早就崩溃了。"当静说到爱人的病情，和今后可能出现的糟糕情况时，倩说："也许我的话不好听，结婚前你怎么不去带他检查呢？这么大意……"静没有说什么，只觉得心寒。

　　没想到，接下来更让静难受的事情出现了。

　　倩现在未婚，正处于热恋的阶段。静说的这些事，她似乎根本没往心里去，也不知道此刻的静是多么难过，精神已经到了崩溃的边缘。倩没有给出一句安慰，泼了冷水之后，又大谈特谈自己的爱情："你就是活得太操心了，什么事都要靠你。我和他在一起，生活上不用我操心，他各方面都能够帮到我，就像跑医院这样的事，我可做不来的，我生病了都是他带我去。如果我是你，恐怕现在都已经崩溃了，根本不知道怎么处理。我觉得，你比我坚强多了……"

　　静实在听不进去了，关掉了和倩的对话框。她怎么回味倩的话，怎么都觉得对方是在看她的笑话，嘲笑她没有找到一个好的依靠，凡事都得靠自己。嘲笑之余，还有点幸灾乐祸，觉得她自己很幸运，遇到了一个身体健康、宠爱她的男人。静突然很后悔，后悔向倩说了自己的遭遇，她没有得到丝毫的安慰和宽解，反倒是给心里添了堵。

　　那次聊天之后，倩在静心里的好感，彻底消失了。她不再关注倩的任何消息，屏蔽了她的QQ，电话也拉进了黑名单。她实在无法容忍，在自己最心痛、最低落的时候，自认为知心的朋友，会说出这样刺耳的话，竟还在自己的面前炫耀自己的幸福。

　　生活中，真正能够做到喜怒不形于色的女人，屈指可数。多数女人遇到开心的事，都会忍不住与人分享。分享没有错，但分享要看场合、看情况，她人的婚姻和生活正遭遇着一场暴风雪，你却大谈特谈自己日子的温暖和甜蜜，实在有点不近人情。

　　要知道，失意的人心理就像脆弱的蛋壳，稍一触碰就会被击碎。他们在情绪低落的时候，比平日里更容易多心，别人所说的每一句炫耀得意之事的话，在他听来都是充满嘲讽和讥笑的，他会觉得别人是在故意戏弄他，看他的笑话。更糟糕的是，有时候这种负面的情绪还会演变成记恨，深植于内心深处。他不仅会疏远你，在你日后遇到麻烦的时候，就算他能帮忙，他也未必会伸出援手。

　　凯莉是个热心肠的女人，得知自己的好友若曦因丈夫的公司经营不善，赔了不少钱，便想着约她出来散散心。周末，她打电话约来了若曦，还有其他两位朋友。吃饭的时候，气氛还是挺融洽的，谈谈哪儿开了新的餐厅，说说最近在用什么护肤品，都是女人间常聊的话题。

　　组织聚会之前，凯莉也跟其他两位朋友说了若曦的情况，提议见面时少谈跟生意有关的事。谁知，酒一下肚，爱炫耀的刘小姐就忍不住说起了自己的老公，说他在单位里如鱼得水，最近有可能要升职。说话的时候，那得意的神情，简直有点忘乎所以了。凯莉一个劲儿地给刘小姐使眼色，刘小姐大概真是得意忘形了，根本没意识到。

　　若曦在一旁坐着，低头不语。一会儿去趟卫生间，一会儿又说打个电话。最后，干脆找个借口提前走了。凯莉连忙去追若曦，若曦的脸色很难看，说道："故意在我跟前炫耀是吗？风水轮流转，我就不信了，太阳就只从她家门前过！"

　　真是十年河东，十年河西。没过多久，若曦的老公靠着一位朋友的帮忙，又做起了老本行，规模虽然不大，但有了上次的教训，他也算长了经验。再看刘小姐的爱人，因为出言不逊，职位被别人顶替了。几位朋友再相聚，若曦当着刘小姐的面儿没说什么，可私底下还是跟凯莉说："人不可能一辈子都得意，早知今日何必当初呢！"

　　在不会跳舞的人跟前，谈论跳舞的话题不会让你显得多有素养，反而会显得你更加无知。同样，在失意的人跟前炫耀自己的得意，就算是无心说的，也会招惹别人的记恨。女人想要人缘好，每逢开口之前一定要记住，不管谈论什么，都不要让人产生自己有被比下去的感觉。

说说他人的经历，冲淡失意者的痛苦

记得曾有人说："当你得知别人也曾有过和你一样的经历时，尽管改变不了什么，但至少可以获得一份心理上的安慰。"

遭遇人生的坎坷沟壑，每个人都会沮丧，只是自我调节能力有差异，表现出的状态也不一样。但不管怎样，有一点是毋庸置疑的：面对比自己幸运的人，心里多少会有些灰心丧气，这是也不能在失意人跟前说得意话的原因；而面对比自己更加不幸的人，心里的天平会稍稍平衡一些，虽谈不上知足，可至少会觉得不那么孤单、不那么无助。

会说话的女人，在看到他人受挫、情绪低落时，往往会借用第三人的事去开导劝慰，冲淡对方的失意感，让他暂时从失落中解脱出来，产生一种"我这点挫折算什么"、"别人都可以挺过来，我为什么不行"的感觉，找寻到安慰，恢复对生活的信心。

牧晓走进同事苏然的家时，差一点儿就掉了眼泪。望着眼前那张憔悴发黄的脸、深陷进去的眼睛，她怎么也不敢相信，这竟然是自己相识多年的苏然。她的记忆，顿时被拉回到几天前的那个下午。

当时，她跟苏然正在办公室里整理资料，工作量不算大，两人一边聊天一边干活，念叨着下班后去哪儿转转。苏然的手机骤然响起，牧晓没在意，这样的事每天都会发生，再平常不过了。可是，苏然接完电话就哭了，整

125

个人瘫坐在椅子上。牧晓问她发生了什么事，她只说，孩子被车撞了。

之后的几天，苏然一直没有到单位来，也没有给牧晓打过电话。牧晓后来得知，苏然的女儿在车祸中去世了。她也是做母亲的人，深知这对于一个母亲来说是多么大的打击。几经思考，她还是决定去苏然家里看看，给她带去一点儿安慰。

现实的情况和牧晓想得差不多，苏然和爱人完全崩溃了，才几天的工夫，苏然就瘦得不成样子了。问什么话都只吐露几个字，接着就是哭。牧晓心疼苏然，也忍不住掉了眼泪，可她知道，这个时候苏然需要的不是有人陪她哭，而是如何继续生活下去。

牧晓紧挨着苏然而坐，右手从上到下轻轻地抚摩着苏然的后背，试图让她平静下来。牧晓知道，这时候说什么安慰的话，都显得过于苍白，她就只好跟苏然讲起了自己家的往事："我知道你心里苦，放在谁身上，谁都受不了。我可能没跟你讲过，我不是独生女，我还有一个哥哥，可惜得了尿毒症，18岁那年去世了。我父母照顾了他很多年，把家里的积蓄都花光了，还是没能留住他。你想想，他那时候都已经18岁了啊，是一个大人了。我记得，那时候我在读初中，我妈每天就躺在床上，不吃不喝；我爸也是整天抽烟，没人的时候就掉眼泪。最初那两年，是有点难以接受，尤其逢年过节，心里更是别扭。可事情发生了，谁也改变不了，还是得试着接受现实。后来，我妈慢慢地也想通了，如果就这样一蹶不振下去，这个家就散了，毕竟以后的日子还长呢！你看我妈现在的乐呵劲儿，谁能想到她原来经历过那些事啊！"

苏然抬起头看着牧晓，听她讲述这些事情时，她的情绪平静了许多，大概是真的觉得，世间不幸的人太多了，不只是她和爱人。牧晓看苏然有了变化，又讲了一件事："我家有一个远房亲戚，老两口的儿子是开货车的，那天他把车停在路边等人，谁知道对面有一个开货车的司机睡着了，一下子就撞了上去。老两口奔60岁的人了，就这么一个儿子，小孙子刚满三岁。这一家子老的老、小的小，外人看起来都觉得日子难过，可他们还是挺了过来。现在，老两口的孙子都上班了……"

苏然长舒了一口气，缓缓地说道："唉，谁也不知道这辈子会发生什么事。我只是需要点时间，放心吧，我不会做傻事。"牧晓见苏然情绪上有了缓和，劝她吃点东西。也许是真的得到了些许宽慰，苏然当着牧晓的面儿喝了一碗粥，还挤出了一抹笑。那一笑，虽然有太多的勉强，可苏然的心里已经有了继续生活下去的信念。

没有一句直言相劝的话，却巧妙地用第三人的经历安慰了朋友。很多时候，周围人的遭遇不会像苏然这般严重，更多的可能是遇到一些小小的意外或是麻烦，这是最常见的。不管怎样，牧晓劝解苏然的方法都是适用的。举个例子：孩子高考失利，可以告诉他"某某第一次高考也没发挥好，补习了一年之后，今年考上了军校"；朋友失业，可以对他说"我有个同事离开公司之后，自己开了一个店，现在生意可好了"。

不过，用第三人的经历劝解失意者时，千万不要拿第三人和失意者直接作比较，说"他那时候比你还要惨"、"看看他，再看看你"之类的话，那样会让对方反感。你只要把第三者的痛苦经历说出来，再强调他的现状，前后做一个对比，巧妙地传递给失意者一个信息：别人都可以坚强地走过来，你也是可以的。如此一来，失意的人自然会得到些许安慰，也会感激你对他所说的一切。

一个会说话、善解人意的女人，在失意者面前，真的不必费尽心力地讲什么人生道理，说多少鼓舞人心的话，只需静静地给对方讲讲别人的故事，让对方找到一种"共鸣感"，并从中汲取积极的力量，这就是最好的安慰了。

安慰病人的话，要说得充满正能量

人在生病的时候，情绪往往不稳定，焦虑、沮丧、悲观时常来叨扰内心，惹人胡思乱想。况且，医院的环境比较封闭，四周全是单调的白色，时而还可能听到邻床病友们的一些"坏消息"，令人惴惴不安。

为了缓解病人的情绪压力，让病人放下心理包袱，在探望病人时与之沟通交流，是必不可少的。然而，说话绝不是一件容易的事，尤其是在探望病人这样特殊的情况下。说得好了，病人心情释然；说得不好，惹得病人一肚子气。

张女士查出患有子宫肌瘤，近期在医院做了手术。术后的几天，不少亲戚朋友都来看望她。朋友J，刚一进病房就先笑，坐到床边握着张女士的手说："我听说你得了点小病，这几天单位事特别多，拖到现在才来看你。"

听对方说自己得的是"小病"，张女士刚刚还阴沉的脸，顿时露出了一丝喜悦。J连忙又说："我看你的气色还不错。像咱们这个年纪的女人，得这病的人还真是不少，去年我表姐也是这样，做了手术之后，回去养了一个月就好了，一点儿事都没有。"张女士本来心里对自己的病还有点担心，听J这样一说，心里别提多舒服了。

J看到张女士床头放着一本杂志，随手翻了翻，感叹道："我真羡慕你呀，还能在这里看看杂志。有时候，我也想到医院里来'躲'上几天，抽空读读书，看看电视剧，现在每天家里家外忙得我呀，一点儿闲工夫都没有。"张女士的丈夫在一旁听着，不由得笑了，心想：这个J还真是会说话，难怪老婆平时老念叨爱跟她聊天呢！

临别时，J还告诉张女士一件事："对了，我忘了告诉你了，我们单位发了两张音乐会的票，恰好是一个月之后的，到时候咱们一起去看啊！你好好养着，我改天到家里去看你。"J走了，可她说的这些话却像阳光一样，让张女士心里的阴霾一扫而光。

我们都了解，生病时不仅要饱受身体上的病痛，还要忍受心灵上的煎熬。生病的人，精神状态往往比普通人要差，性格也会变得多愁善感，很容易受到他人情绪和语言的感染。因此，探望病人时所说的话，直接影响着病人的情绪。生动阳光的语言，会给病人的生活带去乐趣和希望，让他们压抑的心情得到好转，不再把疾病看得那么可怕，增强了与疾病做斗争的信念，感受到亲朋好友的关爱，受到精神上的鼓舞。这一切，恰恰是病人最需要的，也是药物难以替代的。可以说，探望病人时说的话，是语言艺术的精华。

女人要想在探望病人时，切实地让对方感受到安慰，那么在说话时一定得掌握一些技巧。

病人的情绪不稳定，且内心非常敏感，探望病人时千万不要用怜悯和隐秘的方式交谈，否则的话，病人会认为自己的病情有什么"隐情"，不利于康复。劝慰对方好好保养身体时，语气要温和真挚，音量要适当不要过低，用词婉转一点，尽量让病人以为你探望他之后，为他的状况感到愉快和放松，为他的病情好转而欣慰，这样可以有效地减轻病人的心理压力。

安慰病人时说什么话更有针对性？这就需要事先了解病人的病况、情绪和所患疾病的保养之道。有些病人担心自己的病治愈不好，对这样的人就要介绍其他相关疾病病愈的案例，让患者减少心中的忧虑；有些病人担心医药费的问题，对这样的人最好想一些切实可行的办法，比如为其争取医保、单位补助和大病保险的预付，等等；或者安慰患者要先着眼于健康，不要想太多，若不彻底治愈的话反而会花费更多；有些病人厌倦医院的氛围，探望这样的病人时，多讲讲有趣的事，或者给对方带一些书籍刊物，或是对方喜欢的可以打发时间的物品。

探望病人免不了要说起对方的病情，对于这个话题，尽可能地轻描淡写，不要说得太过沉重，这会引起病人的不安。就像上文中提到的J，她的说辞就很好，把对方生病的事视为一种难得可贵的"偷闲"机会，言语中并不把对方的病看得多么严重，让病人的心情不知不觉地放松下来，这才是探望病人的初衷和目的。

时常会听到有人在探病时这样安慰对方："不要操心单位（家里）的事，有我们呢！你好好养病。"听起来似乎是在安慰病人，可实际上，病人听到这样的话，往往会觉得自己无足轻重，或者认为自己因为疾病而被替代，抑或给别人添了麻烦，加重了心理负担，不利于安心养病。

在探望病人的时候，可以把对方单位的事、家里的事或者他比较关心的事，挑一些轻松愉快的讲给病人听，或者征询一下他的意见，让他感受到自己的重要性，这才能唤起病人的积极信念，利于身心的恢复。

归根结底，探望病人一定要给对方带去正面的能量，要知道什么话该说，什么话不该说，以及话该怎样说，才能让病人觉得心里舒畅，增加对抗疾病的勇气，发自内心地感受到你对他的关心和帮助，由衷地感激你。

面对消极的人，用夸赞给他勇气

人的生命里都存在正能量与负能量。一个充满热情、包含希望、拥有坚定信念的女人，就是一个正能量的磁场，跟这样的女人说话聊天，会让人感到安全、放松、愉快，特别是那些情绪低落、消极悲观的人，往往透过女人散发出的积极能量和充满希望的言语，重新找寻到生活的勇气。

此刻在酒吧里，坐在她对面的那个垂头丧气的男人，就是她的蓝颜知己。

他们相识在十年前。从高中时期一路走来，他见证了她的恋爱历程，她也见证了他奋斗的历程。如今的她，已经走进了婚姻的殿堂，算是有了归宿，而他却在事业迈向成功的最关键的一步时，重重地跌倒了，这打击了他那颗要强的心。

从走进酒吧开始，他就一直闷头不语地喝酒。等他喝得差不多了，她才缓缓开口：

"这些年，在我心里，你一直都是个特别优秀的人。就说我们读高中的时候吧，我最佩服你的就是，不管物理老师出什么样的难题，你都能做出来，还分析得头头是道，而我就像听天书一样，呆呆地坐在那里。

"上大学时，多数人都松了一口气，开始了挥霍青春的日子。我忙着谈恋爱，忙着逛街、臭美，可你却给了自己一个目标，攻读第二学位。说实话，不是每个人都能做到这一点，更何况，依照你的家境，你完全不必那样逼自己。谁都知道，毕业之后，你爸爸可以顺利地帮你安排一份多少人羡慕不来的工作！可你却说，想走一条属于自己的路。

"这些年，你背井离乡，去过不少地方打拼，事业上也有了不小的成就，那么多风风雨雨你都挺过来了，证明你是一个经得住事儿的人。其实，不管做什么，都会遇到麻烦，就像我们这样天天上班的，也难免哪天就被老板劈头盖脸地训一通……你只要把心态放平了，别太急，很快就会好起来的。我总觉着，这些乱七八糟的事儿在你跟前，那都不叫事儿……"

看她说得诚诚恳恳，他心里也觉得多了几分安慰，长舒一口气之后，拿起手中的杯子，跟她对碰了一下，一饮而尽，说了句："听你这么一说，我也觉得，这都不叫事儿。谢啦，'哥们儿'！"

也许有人觉得，安慰受挫的人最好的方式是给予鼓励，其实不然。很多时候，人在陷入低谷的时候，会萌生出一种挫败感和自我否定，怀疑自己的能力，此时单纯地鼓励对方，听起来未免有些"苍白无力"。有远见、有智慧的女人，会把鼓励变成夸赞，在言谈中给予对方肯定，让对方发自内心地感受到一种力量，鼓舞着自己重新振作。

不过，用夸赞来安慰他人，绝不仅仅是说恭维的话。别人功成名就的时候，说多少赞美的话都不为过，可对于受挫的人，"过分"的赞美就会被误以为是讽刺。要想让夸赞和肯定起到安慰的作用，就要在言辞中注入勇气和力量。

肯定对方过去的种种努力和付出。这种肯定不要说得太虚无缥缈，比如"我一直觉得你很出色"，听起来很无力；如果能够说出具体的方面，那就显得理性多了，比如，"你在选择项目上很用心，也做出了不少努力，虽然目前效果一般，但可能是时机不成熟，反馈也需要时间的，再等等看！"或者，还可以说"你是个心思缜密的人，我相信不会有大的纰漏，现在不过是缓冲阶段而已"，这些话语中都包含着欣赏和肯定，往往会给对方带去鼓励。

　　在夸赞对方的时候，要表达出你的信任，这是激起对方勇气的关键。就像我们前面所说的，人在遭遇挫折的时候，会质疑自己的能力和决定，需要旁人的认同、鼓励来确定自己的行为。如果对方的所作所为没什么错，只是时机不对或者努力不够，那么劝慰对方的时候，最好要坦白告诉他："你的做法没问题，只要坚持下去，肯定有收获。"或者，还可以这样说："大家都看到了你的努力，也从心里敬佩你，至于结果怎么样，我相信肯定是一次比一次好，别灰心，每个做成事的人都会经历这样的阶段，你一定可以的。"

　　鼓励只能给对方带来信心和勇气，至于实实在在的助益，那还要与对方一起分析出问题所在，找出遭遇挫败的原因，帮对方理智思考这些问题，完善今后的计划和行动。当然，指出问题远比夸赞要难，需要讲求方法和技巧，否则的话很容易弄巧成拙，让对方觉得你是在嘲笑和讥讽他。举个例子，指出问题时你不妨这样说："我觉得，这个计划挺完美的，也很贴合实际，只是有一点点不足，比如分工方面不太明确，这可能会把完美的计划打乱，把大家拖入困境。现在更正还来得及，我相信处理好这点的话，一定会更顺利。"如此就事论事地说出问题所在，既安慰、肯定了对方，又能"惊醒梦中人"，可谓一举多得。

　　其实，只要换位思考一下：当你在生活、工作上遭遇挫败的时候，你最希望听到怎样的安慰？是不是内心也在渴望着他人的肯定与认同？将心比心，你希望别人怎样对你，那就怎样对别人。用夸赞的方式去安慰他人，会让他人把你视为知己，这是每一个深得人心、赢得人缘的女人，都该学会的一门说话之道。

给不幸的人送去最贴心的理解

英国著名童星艾莉被戴安娜王妃誉为"洁白的小天鹅"，不幸的是，这位美丽的小女孩在12岁时患了骨癌，需要截肢。手术前，亲朋好友和热心的观众都闻讯来探望她、安慰她。

看着躺在病床上的女孩，有人说："别难过，说不定还会出现奇迹，还有机会慢慢站起来呢！"也有人说："你是个坚强的孩子，一定要挺住，我们都在为你祈祷。"艾莉一言不发，只是有礼貌地向这些人微笑，表示内心的感谢。

戴安娜王妃也来了，她走到小艾莉的病床前，将她搂进怀里，说："好孩子，我知道你一定很难过，痛痛快快地哭吧，哭够了再说。"艾莉一下子泪如雨下。自从生病后，她听过太多安慰的话，可就是没有人这样说过，她觉得最体贴、最理解她的人，就是戴安娜，而她内心真实的感受，也正是痛痛快快地哭一场，宣泄所有的痛苦。

人生之路坎坷不平，苦难在所难免，身陷逆境的时候，除了当事人的自我调节，还需要亲人朋友的安慰。患难见真情，人们很难忘记在不幸中给予自己力量和温暖的人，女人要想受人喜欢，赢得患难与共的朋友，就要学会担当这一角色，在他人最需要的关键时刻，给对方带来"雪中送炭"的温暖。

　　善解人意、温婉动人的语言，可以为不幸的人带去温暖和安慰，减轻内心的痛苦。然而，并非所有安慰的话都能说到别人的心坎里，都可以令人感动，就像艾莉在做手术前，他人的鼓励和支持，并没有让她觉得自己真的被人理解，反而是戴安娜王妃劝她大哭一场的话，却让她备受感动。这就证明了一点，要给不幸的人送去最贴心的问候和安慰，必须要掌握一定的技巧，尤其是站在对方的角度去考虑问题，理解对方的痛苦，才能把话说到对方心里。

　　多倾听对方诉说他的痛苦。安慰一个人，静静地聆听比说上一连串安慰的话更重要，很多人需要的就是一个听他诉说的人。聆听的时候，最好不要追问事情的前因后果，也不要急着去做判断，给对方一点空间，让他把心里的感受都说出来，释放苦闷的情绪。

　　一个新婚的女孩跟爱人吵架了，吵架的原因很简单，就是爱人出差在外地，她一个人在家和公婆、小姑相处，觉得孤单，心理敏感，总感觉婆婆和小姑对她有偏见。其实，很多新婚的年轻女孩都有过类似的体会，到一个新的家庭生活，远离熟悉的父母家人，心里总会产生孤独、郁闷和委屈之感。

　　女孩把这些事跟闺密讲了。闺密静静地听她诉说，然后告诉她自己也有过这样的感受："本来不是什么大事，可就是觉得特委屈，总想哭。"一句话，就说到了女孩的心里。她像遇到了知音，又反复诉说自己的感受……从始至终，闺密一直在认真倾听，没有说太多安慰的话，可到两人分开时，女孩的情绪已经好了很多。因为先前积压在心里的那些不痛快，已经全部倾诉了出来。

　　纽约怀特普兰的心理治疗专家露斯·罗森菲尔德说："别拿你的情绪去影响他——更别指望让他接受。你需要做的就是认真倾听，接受你朋友的情感，理解这种情感。"

　　理解，远比一些僵硬的安慰要奏效得多。与其告诉对方"勇敢点"，不如真正站在对方的角度去看他所面临的问题，走进他的内心世界，让他感觉到自己找到了一位"同盟者"。

当然，表达理解时，不要过于直白地说："你的心情我理解，一切都会过去的。"或者说："我理解你的心情，我也曾……"这些不痛不痒的话，不会带给不幸者任何温暖和贴心的感受，啰唆自己曾经的经历和现在的平静心情，还会惹得对方反感。

你可以试着把自己理解的感受说出来，比如："你现在一定很难过"、"觉得特委屈，是吗？"或者把对方内心的隐秘感觉讲出来，比如，"是不是很焦虑、很担心？放心吧，等事情真的来了，你反而会平静下来，我有体验。"这样说时，对方的心往往会放松下来。

对方情绪低落时，你若能帮他分析出沮丧的原因，安慰就能事半功倍。一个女孩失恋了，很长一段时间闷闷不乐，身边的不少朋友都安慰她，可总是无济于事。女孩的姐姐知道后，则劝导她说："你是不是觉得他移情别恋了，很不甘心？担心别人笑话你？其实，你应该庆幸才对，早点认清了他是什么样的人，要是以后跟这样的人结婚了，生活在一起，受到的伤害岂不是更大？"听完姐姐的话，她也觉得自己并不是舍不得那段感情，只是不甘心而已。想通了之后，她很快就走出了失恋的阴影。

给不幸者送去安慰和理解时，不妨为对方提供一些缓解情绪的招数，就像戴安娜在安慰艾莉的时候，说了这样一句话："痛痛快快地哭吧，哭够了就好了。"挑选招数的时候，记得要了解对方的性格和情绪，知道他此刻是焦虑、郁闷，还是伤心、痛苦？不同的情绪，有不同的应对方法。如此，才可以说出最能宽慰对方的贴心话。

曾有人说过："给不幸的人送去最贴心的安慰，是一个女人的美德。"做一个善解人意的女人吧，帮助不幸者走出人生的迷雾，送出理解和关爱的同时，也滋养了女人自己的心。

委婉地传达生活中的"坏消息"

天有不测风云，人有旦夕祸福。人生无常，天灾人祸总是在不经意间就降临，让人感到痛苦和惊惧。女人心思细腻，性情如水，定是不愿看到他人在得知噩耗时悲痛欲绝的画面。那么，当致命的打击突如其来时，要怎样把这个不幸的消息通知给当事人或他的亲友，并且可以减缓对他们的刺激呢？

最简单的办法，就是用委婉的语言直接说明，但这种方法只适用于向那些性格刚强、有地位的人传递不幸的消息，倘若他的亲属遭遇不测，可以直接说明，或是用委婉的语言说明。这样的人往往经历过许多事，有一定的心理承受力，一般情况下可以顶得住。

曾经，某位师长的儿子在战场上牺牲了。前方的领导本来还有些顾虑，想着要不要立即把这个消息告诉他，最终考虑到他是军人，又是领导，对于这场战争的残酷性有一定的思想准备，便决定直言相告。于是，前方的领导怀着悲痛的心情，把这个消息告诉了他："师长同志，这次战斗打得很艰苦，很多同志牺牲了。您的儿子不愧是将门之子，他表现得很英勇，战斗到了最后一刻。"师长听着对方的讲述，眼眶里噙着眼泪，但始终没有流下来。片刻之后，他说："我为有这样的战士而感到骄傲，也为有这样的儿子而感到自豪。"

　　再次强调，这种直言相告的方式，只适用于那些有一定心理承受力的人，且当事人和亲属已经有了一定的精神准备。比如，久病不愈之后的噩耗，战场上的牺牲，等等。如果是日常生活中突然其来的变故，就不太合适了。

　　对于飞来横祸导致的不幸，而当事人的亲属或神经脆弱，或年迈多病，如若直言相告，很可能会引起更多的麻烦。此时，最好用委婉的方式传递不幸的消息，避免使用一些刺激性强的字眼儿，可以用同义词替代，比如"他走了"、"我们没能留住他"，等等，让对方知晓，并承受这一不幸的消息。

　　张大妈的儿子因工厂锅炉爆炸，不幸身亡。张大妈过去也是工厂的工人，工会的同志到家里探望张大妈时，这样说道："大妈，咱们厂发生了一起事故，这是不可抗拒的灾难，您的儿子离开了我们，我们都很怀念他。"工会同志没有直接说出张大妈的儿子牺牲了，可张大妈听了这番话，就什么都知道了。她心里很痛苦，却还是很理智地说："今天早上我的眼一直跳，就怕有什么事发生，唉，没想到……"老人坚强地接受了现实。

　　除此之外，还考虑采用长期回避真情的方式，让经不起刺激的人，在时间的消磨中，习惯失去这个亲人的生活，自己渐渐地悟出真相。

　　一位农村妇女有两个儿子，小儿子是个消防队员，一直在外地工作、生活，只是每到过年的时候，才会带着妻儿回来看望母亲。

　　不幸的是，小儿子在一次救火任务中牺牲了。她年轻时丧夫，又没什么文化，好不容易把两个孩子拉扯大该享享清福了，小儿子偏偏又牺牲了，大家考虑到她年事已高、难以承受这样的打击，就没有把这个消息告诉她。

　　过年时，儿媳妇带着孩子回来了，对她说道："他扔下我们母女出国

138

了。"村里的人虽然都知道，可都不忍心向她透露实情，就把消息封锁起来了。之后，每到过年时，她都会问大儿子："你兄弟什么时候回来呀？"大儿子把自己捏造的信念给母亲听，老妇人一次次地都相信了。

很多年过去了，老妇人渐渐地不再询问小儿子的消息了。她已经明白，小儿子是不在了，就算出国了，也不可能不回来看望自己的母亲。只是，这些年她已经适应了没有小儿子的生活，并未觉得太受打击。后来，有个村民故意试探她，问："你的小儿子现在做什么工作呢？"老妇人非常平静地说："不在了……"

如果觉得不幸的消息会严重打击当事人，那么最好采用渐次渗透的方式通知对方，即一次一次地把坏消息透露出去，给对方一个缓冲的过程，当最后把实情说出来的时候，也不会感觉太过突然，难以接受。

一位女士体弱多病，心脏又不好，在外地工作的丈夫过年回家探亲时，不幸在途中遭遇车祸离世。这个消息该如何告诉她呢？如果直截了当地说，后果不堪设想。后来，女士的家人用了渐次渗透的方式，先告诉她说：丈夫出了车祸，正在抢救；过了一天又说：还没有脱离危险，情况不是很好；又过了一天，开始让她做好"最坏的准备"；最后告诉他：医生已经尽力，可是没能留住她的爱人。这时候，她已经想到了此般结果，显得很镇定。

没有人愿意听到坏消息，甚至听到"坏消息"这样的字眼儿时都不免会紧张恐惧，所以女人在向他人传达生活中的不幸之事时，一定要秉承严肃的态度，根据不同的对象采用合适的语言和方式，让不幸的消息给对方造成最小的伤害。

第六章
欢声笑语之中，化作幽默的天使

　　英国作家霍雷斯·沃波尔说过："世界对那些肯用脑的人来说是喜剧，对只凭感觉的人则是悲剧。"说话幽默反映的是女人对待生活的态度，是一种对自身力量充满自信的表现。幽默的女人给别人以亲切感，善于运用幽默的女人，身边的人自然会被她睿智的内心世界所吸引，愿意向她靠拢。

幽默是女人不可缺少的智慧

优雅美丽的女人无疑是令人欣赏的，倘若外在的条件不那么动人，女人也可以用智慧来增加自身的吸引力，幽默就是智慧的一种。

幽默的女人，往往会给人一种亲切感，能让那些与之相处的人都感到快乐，在这种热情而快乐的氛围下，多数人都会被她睿智的内心世界所吸引，从而淡忘了她的外在条件。

幽默风趣的语言，是女人的内在气质在语言运用中的外化，显现的是一个女人的智慧、风度和素养，这种魅力磁场远不是外在的妆容所能比拟的。幽默就像磁铁一样，让周围的人不自觉地向她靠拢，并让工作、生活的氛围变得轻松活跃。

苏珊到一家海鲜馆吃饭，点了一只龙虾。结果，菜端上来之后，苏珊发现盘子里的龙虾竟然少了一只虾螯。苏珊问服务员是怎么回事，服务员解释不清楚，只好叫来了大堂经理。

大堂经理是一位看上去很有亲和力的男士，他抱歉地对苏珊说："对不起，小姐。龙虾是一种很残忍的动物，这只盘子里的龙虾，可能是因为在和同伴打架时被咬掉了一只螯。"

苏珊觉得大堂经理的回答很有意思，就顺着他的话茬儿也幽默了一把："那么，请您给我换一只打胜的龙虾吧！"

苏珊和大堂经理都算得上有智慧的人。大堂经理幽默地解释了龙虾少了一只螯的原因，而苏珊也幽默地提出了自己的期望，没有取笑，没有批评，也没有伤及饭馆的声誉，更没有打消顾客享受美食的兴趣，利用幽默的方式来进行沟通协调，可谓是一举多得。

曾有人说，幽默的女人像是一本保健书，每一句精辟言论都深藏着让人笑逐颜开的理由，人们会因为她的存在而变得格外通透。确实，女人懂得幽默，不仅可以摆脱困境，还能调节说话的氛围。她在人前展示出的是一种优雅的风度，一种健康的心态，一种文化的内涵，一种人生的积淀，还有一份思想的睿智和生命的洒脱。

直来直去的性格，有时会被誉为豪爽。然而，很多时候，话说得太过直接，往往会伤及面子和自尊。面对这样的情景，如果适当地幽默一把，用曲折含蓄的方式把自己想说的话说出来，对方不仅能心领神会，还会感激你为他保留了面子。

一位年轻的男子在咖啡店享受过午餐后，突然对店主糖糖说："对不起，我的钱包落在家里了，今天恐怕不能付钱了。"

店主糖糖是个温婉的女孩，不慌不忙地说："那好吧！我相信你。只不过，我的记性不太好，每天来来往往的人太多，我必须把你的名字写在门口的黑板上，同时记上你欠款的数目，来提醒自己记住这件事。"

年轻男子不满，说道："那岂不是每个人都能看见我的名字了吗？这实在有点太难堪了！"

糖糖笑着说："别担心，我会用你的外套把你的名字盖住。"

糖糖的真正用意，其实就是想让这位赖账的男士用外衣作为抵押，让他对自己的行为感到难堪。果然，男青年犹豫了片刻，又假装翻了翻上衣的口袋，说："没想到，这里有钱，五十块，够不够？"糖糖接过钱，笑着目送男顾客离开。

明知道对方想赖账，可这样的话若说出来，绝对是不好听的，对方也未必会承认，甚至反咬糖糖诬赖自己，到那时场面就不好收拾了。反过来，把棘手的事用幽默的方式来处理，不仅心平气和，不伤及对方的面子，还能如愿地达成目的。

英国作家霍雷思·沃波尔说过："世界对那些肯用脑的人来说是喜剧，对只凭感觉的人则是悲剧。"一个没有幽默感的女人，就像鲜花少了芬芳，只有形而没有神，总是外表光鲜，却总觉得少了一点点灵气。

事实上，遇到问题的时候，别把它看得太严肃，稍稍地给它注入一点幽默感，结果可能就会不一样。毫不夸张地说，几乎每个女人都有一点幽默感，只是有些女人比其他人表现得更强烈些，这未必是她们与生俱来的一种能力，很多时候是靠后天的学习和积累，慢慢养成的说话习惯。

幽默的心理基础是乐观和自信，一个终日悲观沮丧的女人，很难有心情幽默。平时，要培养自己的抗挫能力，遇到麻烦时要往积极的方面想，不要一味地怨天尤人。唯有对自己的前景充满希望，才能发出由衷的笑声，要在生活中发掘幽默，用快乐来熨平生活留下的伤痕。

幽默往往是有知识、有修养的体现，大凡善于幽默的女人，多半都有着渊博的知识和敏捷的思维，平日里观察事物有自己的角度，不因循守旧，在意有趣的事物，观点新颖，说出的话也常常带给人意料之外的惊喜。要做到这一点，就要试着多与人交往，多学习新的知识，有广博的知识才能够天马行空。如果词汇贫乏，语言表现能力不佳，那就多看一些幽默故事、机智故事、脑筋急转弯，等等，训练思维的敏捷性，丰富自己的词汇。

幽默的女人未必美丽，但一定善解人意。这样的女人热爱生活，懂得如何用自己的方式面对难解之情，懂得如何用微笑来放松自己。她们知道如何自我开解，懂得原谅，乐意给别人传递心里的欢愉，用开朗的心去欣赏人生。

英国短篇小说大师曼斯菲尔德说过："疯狂或死板都是不对的，两者都嫌过度。一个人必须永远保持幽默感。"

幽默的人生，充满了无穷的乐趣。女人可以不够漂亮、不够有才华，但一定不能木木讷讷、缺乏情趣，学会和善用幽默，会把轻松的气息传染给身边的每一个人，让生活变得丰富而有趣。

"心乐"的女人，生活没有愁云

生活是一出又一出的折子戏，喜怒哀乐、成败挫折、生离死别，不知究竟在哪一处上演。没有哪个女人的生活平静如湖面，不起一点波澜，痛苦的经历总会有，只是看谁心胸够开朗，能够用微笑和幽默来面对这些生命中的难题。

据美国芝加哥《医学生活周报》报道，美国的一些医院已经开始雇用"幽默护士"，陪同重病患者看看幽默漫画及谈笑，以此进行心理治疗。幽默与笑声，往往能在意念上给人以力量，减轻人心理和生理上的不适。

美国作家卡森斯曾经在《星期六评论》杂志做编辑。长期以来，他日夜操劳，患了一种严重的病——僵直性脊椎炎，身体虚弱不堪，行动也不方便。不幸的是，他四处求医，得到的结果都不理想，不少名医直接告诉他，这是不治之症。

后来，一位朋友劝慰卡森斯，让他在接受必要的药物治疗之后，试试幽默疗法。他搬离了医院，住进了一家充满欢乐气氛的旅馆，经常看一些有趣搞笑的喜剧片，和朋友们开开玩笑，听人讲一些幽默故事，每天都无忧无虑的，日子过得轻松欢快。

卡森斯发现，一部10分钟的喜剧片，可以带给他两个小时无痛苦的睡眠；他还惊喜地发现，笑能够消炎，并且可以持续很长时间。这种幽默疗法，再配上适当的营养疗法，在几个月之后，竟然真的创造了奇迹：卡森斯痊愈了。

走过与病魔抗争的日子，卡森斯开出了一张"幽默处方"，大致意思是说："请认清每个人都有内在的康复功能。充实内在的康复能力。利用笑制造一种气氛，激发自己和周围其他人的积极情绪。感受爱、希望和信心，并培养强烈的生存意志。"

有人说过："快乐，只是稀释过的痛苦。"遇到烦心和恼人的事，总是愁眉不展，日子就会酿成一杯黄连水；不把它看得太严重，笑一笑，来一点幽默，也许就能从痛苦中抽离。幽默可能无法直接改变现状，但它可以改变一个人生病时的心情，在欢笑中减轻痛苦。

一位老妇人不小心在雪地上摔了一跤，左臂骨折，更糟糕的是肩关节脱臼了。亲人和朋友担忧不止，看着他们焦急的样子，她却还能笑着对朋友说："如果你有机会摔倒，宁可跌断手臂，也要保护你的肩膀。"

疾病对任何人来说，都是不小的打击。然而，一个潇洒、乐观的女人，绝不会因此而丧失对生活的希望和快乐。生活经验和科学研究都证实，身体健康的重要保证是"心乐"。幽默常在，笑口常开，身体就容易康复；忧愁不已，萎靡不振，疾病就会乘虚而入。

当然，疾病和意外只是偶然才会遇到的事件，但是烦恼却像魔鬼一样，几乎每天都有可能来袭，稍不留意，就会被它拖向精神崩溃的深渊。当女人为了这些微不足道的小事情绪烦躁、闷闷不乐、满腹牢骚时，生活的氛围就会被弄得更糟，惹得周围人也跟着情绪不悦。倘若懂得一笑置之，幽默地对待，就能还自己和他人一个轻松的心情。

一个韩国的旅行团到我国南方某市旅游，当时恰好赶上梅雨季节，阴雨潮湿的天气很难尽兴地游玩，外宾们显得很沮丧。导游是个善解人意、风趣幽默的女孩，她看出了旅客情绪低落，就在车上用韩语说："你们把雨从韩国带到中国来了，可雨在车外；你们把韩国的太阳也带来了，它就在车厢里。"妙语一出，旅客们立刻响起掌声。

旅行途中，难免会有意外发生。一位老太太在游武夷山时，裙子不小心被蒺藜划破，泄气地坐在地上，顿时没了游玩的心情。女导游和颜悦色地安慰老人："阿姨，别生气。这是武夷有情，不想让您匆忙地离开，想让您多看它几眼呢！"这句话像疾风一样，吹散了老太太心中的"愁云"。

我们常说："当世界无法改变时，我们就改变自己。"无论是疾病、意外还是小小的倒霉之事，发生了就变成了无法改变的事实，在烦恼和抱怨中消弭生命，还不如拨动笑的神经，通过幽默的方式学会"苦中作乐"。从困境中找寻正面的能量，找寻快乐的元素，这是一种智慧的活法，也是一种心理能力的考验。

生病的时候，幽默的女人可以用笑声来减轻病痛；遇到麻烦的时候，幽默的女人会找到合适的理由让麻烦变成"小插曲"；就算是面对无可奈何的衰老，她也会幽默地说："我并不老，才到人生的盛年而已。只是我花了比别人更多的时间才到盛年。"

山间的清泉之所以汩汩流淌，只因山上有永不枯竭的水源；幽默的女人之所以语言风趣，是因为内心有一种豁达开朗的态度。无论遇到什么事，都要保持坦荡的心胸，有苦中作乐的从容。当心中"有乐"，女人的生活就没有了愁云，与这样晴朗的女子相伴，谁都可以感受到暖融融的春意。

真正的幽默透着高雅的格调

某省台卫视周末晚上播放的一期综艺节目，内容是评选"最佳双胞胎美少女"。节目有一处环节是主持人向双胞胎姐妹提问。当时，男女主持人分别对一对年仅14岁的双胞胎姐妹抛出这样一个问题："你认为她有几个男朋友？"还让姐妹两人把各自的答案写在答题板上。之后，主持人拿着公示的结果去跟本人"核实"，让两个原本天真幼稚的女孩非常尴尬。

至此，主持人并未罢休，而是步步紧逼，对姐妹两人轮番"轰炸"："你到底有几个男朋友呀？""像你这样漂亮，应该有很多的男朋友吧！"看到这里的时候，许多观众不免唏嘘。

虽是综艺节目，可作为省级卫视的主持人，不顾及青少年受众的感受，试图用一些低级趣味的问题达到"娱乐"的目的，实在令观众生厌。更何况，青春期的孩子本身对早恋的话题就比较敏感，这样的问题极容易对他们形成误导。此般娱乐，简直让整个氛围都变得低俗了。

这件事无疑给女人提了一个醒：幽默，虽包含着引人发笑的成分，但绝不是恶语低俗的玩笑。太过庸俗而低级的笑话，不仅让语言环境充满丑恶的气息，还会引发听者的反感，认为你在侮辱他，也有损自身的形象。

真正的幽默，应该是有技巧地与对方进行思想和情感上的交流，运用情调高雅的语言在诙谐的氛围中，体现一种真与善的艺术美，对听者而言是一种享受，对说话者而言是一种文化修养的展现。

文豪鲁迅是言语幽默大师。一次，他和兄弟在一起闲聊，侄子发现他们兄弟两人长得一点都不像，就好奇地问："伯伯的鼻子为什么是扁的？"鲁迅不假思索地说："是呀，伯伯经常碰壁，时间久了，鼻子就被碰扁了。"此话一出，逗得自家兄弟和孩子们哈哈大笑。

无独有偶，著名小说家马克•吐温也是一个擅长运用幽默的人。

一次，他出行到一座小城市去，临行前有人提醒他说，那里的蚊子特别厉害。到了那里之后，他找了一间旅馆，正当他办理入住登记时，一只蚊子不停地在他面前盘旋。店主觉得很尴尬，担心他会因此退房，马克•吐温自然也注意到了这一点，他满不在乎地说："这里的蚊子可比传说中的还要聪明呢！它竟然会预先看看我的房间号码，以便晚上光顾。"

听他说完，在场的人都笑了。为了他的大度和幽默，店主召集全体职员，一直想办法消灭蚊子，以免旅客夜间被蚊子叮扰。

看过两位文豪大家的幽默，便知道何谓真正的幽默了。与一成不变、生硬古板的传统语言比起来，诙谐有趣、积极得体的幽默言语，不仅能让听者更容易接受自己的观点，还能给让原本身处尴尬境地的人们，瞬间化解现场的僵局。和这样的幽默者沟通，会让人从内心深处不知不觉地涌出好感。

言谈有明显的雅俗之分、优劣之别，言谈优雅的女人在运用幽默的言辞时，恍如划过夜空的流星，给人以惊讶的美妙之感，那一抹幽默的光华虽只在瞬间闪耀，却值得人回味良久。就算是遇到一些不满的情形，依然可以借助格调高雅的幽默，悄悄地点醒对方，既避免了尖锐的对立，又保留了一个优雅女人应有的仪态和睿智。

孙小姐去了一家新开的西餐厅吃饭，看到别的客人吃得不亦乐乎，唯独她坐了良久还不见侍者前来招呼。她心里有一丝不满，但并未大声斥责，而是起身走到餐厅经理面前，客气地问了一句："对不起，请问——

我是不是坐到观众席了？"餐厅经理马上意识到是他们冷落了顾客，连忙给孙小姐道歉，并亲自为其点菜服务。

简简单单的一句话，听起来有趣，却又意味深长。没有疾声厉色地谴责餐厅的服务态度，却委婉而幽默地提醒了对方，体现了自己的良好修养。这番幽默言辞，没有丝毫的冷嘲热讽，也不带有丝毫的颐指气使，俨然是把被冷落的情形比喻为"看戏"，自己在台下坐着冷板凳，比喻极为恰当，话说出口又不失体面。

幽默的语言不仅仅可以用在日常交谈里，在书信、邮件等书面交流用语中，一样可以产生高雅的情调。

曾经，诗人海涅收到朋友寄来的一封很重的欠邮资信。他拆开一看，原来是一大捆包装纸，里面夹在着一张小纸条："我很好，你放心吧！你的梅厄。"几天后，梅厄也收到海涅寄来的一个很重的欠邮资包裹，领取包裹时不得不付出一笔现金。这个包裹里装的是一块石头，同时还附加了一张纸条："亲爱的梅厄，当我知道你很好时，我心里这块石头也就落地了。"

无独有偶。据说《大不列颠百科全书》最初几次收纳"爱情"条目时，用了五页的篇幅，内容非常具体。不过，到了第十四版之后，这一条目却被删除了，新增的"原子弹"条目占了与之相当的篇幅。

一位读者对此很不满，责备编辑部蔑视人类最美好的感情，而热衷于杀人的武器。面对如此犀利的指责，该书的总编辑约斯特十分幽默地给出了答复："对于爱情，读百科全书不如亲身体验；对于原子弹，亲身尝试不如读这本书好。"

简单明了的回复，言语上没有任何的攻击性，也没有低俗的语言，却让人在一笑之余感受到说话者的智慧，字字句句中都透着一种高雅的情调。通过这些事，也希望所有女性朋友领悟到一点：真正的幽默从不低俗，低级的玩笑永远搭不上健康幽默的列车站台。

幽默是女人带动男人的一种方式

　　美国哲学家乔治·桑塔亚在哈佛大学礼堂讲完最后一堂课、即将结束他在哈佛大学的教授生涯时，一只美丽的知更鸟停在窗台上欢快地不停地叫着，桑塔亚出神地看着小鸟，然后他转向听众轻轻地说："对不起，诸位，失陪了，我和春天有个约会。"说完，疾步走了出去。这句结束语，美好且充满诗意，避开了离开时的伤感情怀，却凸显了一种积极向上的精神，还有对生活的无限热爱。

　　深处压力重重的时代，每个人都喜欢跟幽默的人相处。幽默，往往是有知识和修养的表现，是一种高雅的风度。知识渊博、思维敏捷的女人，往往都很幽默，她们时刻留意着有趣的事物，知道什么场合适合开玩笑，并因人、因事而开不同的玩笑，常常出人意料地制造出轻松愉悦的氛围，让人感觉生活清新有趣。

　　幽默是生活中不可缺少的内容，亦是幸福的重要一课。有了它，索然无味的日子，也可以变得浓郁芳香；有了它，平实的生活，也会增色不少。幽默的女人，不管是恋爱时，还是步入婚姻的围城后，都像是鲜绿的枝丫，给人以清新和活力。

　　想想看：一个在外奔波忙碌了一天的男人，回到家后看到一个死气沉沉的女人，心情是何等的沮丧？相反，如果每天回家，面对的是一个幽默的女人，有趣的谈吐，可爱的表情，无疑会让男人疲惫的心情瞬间得到释放和解脱，而她对生活的热情态度，瞬间也会感染到爱人。有这样的女人陪伴在身边，怎会不让人感到欣慰，由衷地珍惜呢？可以说，幽默是女人带动男人的一种方式，也是经营生活的一种智慧。

在一次"香港小姐"竞选赛中，主考官向某小姐提出了一个特别的问题："你愿意嫁给肖邦，还是希特勒？"这位小姐笑着回答："我愿意嫁给希特勒。"全场观众顿时愕然。

见此情形，小姐接着说："如果我嫁给希特勒，也许就不会发生第二次世界大战了。"这个回答，赢得了满堂的喝彩，该小姐由此一举夺魁。

如果她说愿意嫁给肖邦，这显然是观众意料中的回答；但选择嫁给希特勒，却需要一个特别的理由。她说愿意嫁给希特勒并能够阻止"二战"，显然超出了观众的思维定式，况且言谈中还透出了几分机智和幽默，这给她平添了几多魅力，更是助长了人气。

幽默没有一成不变的模式，也不是毫无意义地没有分寸地耍嘴皮子，它是一种艺术，一种修养，一种关怀，一种感动。女人的幽默，可以让爱情保留新鲜感，可以促进彼此间的感情。对于男人来说，他们最渴望的就是有一个让自己放心、安心、舒心的女人，恰恰，幽默的女人总能恰如其分地给予他们想要的。

某日，丈夫加班到深夜才回家，进门就看到桌子上放着一个蛋糕，便问妻子是何缘故。妻子笑盈盈地说："哎呀，你忘了啊？五年前的今天，你结婚啦！我给你庆祝庆祝。"丈夫这才觉得不好意思，自己竟然忘了这个有意义的日子。妻子看到丈夫的窘态，又说："好吧，看在你这个月又赚了家用的份上，我就原谅你。等到我结婚纪念日的时候，你再买个蛋糕，给我庆祝一番吧！"

夫妻两人同一天结婚，结婚纪念日也只有一个，哪里还有什么"你的"和"我的"之分呢？她这样说，一方面提醒丈夫"你疏忽了我们的纪念日"；另一方面又表现出了自己的大度，即"这一次我不怪你，因为你很忙"，并巧妙地暗示他，以后不要再忘记。言语之间，没有任何的埋怨与训斥，给丈夫无限的宽容和理解，有这样的妻子，丈夫的内心怎能不充满感恩和暖意？

夫妻间的相互尊重、信任、理解，是深化爱情和事业成功的保证。生活本就是由琐碎的事物堆砌起来的，彼此间难免会有一些小的摩擦，谁也不敢说事事都能想得周全、做得周到。遇到了一些尴尬、曲折的时候，大吵大闹只能激化问题，换种幽默的态度，不管多难的事，都能烟消云散。和睦，才能融洽；融洽，才有心力奋斗。

懂幽默的女人，热爱生活，懂得如何用适当的方式面对难解之情，用微笑放松自己。这种幽默不是伪装出来的，一个心地狭隘、思想颓废的女人，是很难有幽默感的，唯有对自己、对爱人充满信心和希望，才能发出由衷的笑声；即便脚下是沟壑，身处逆境，她也仍然对生活充满信心，用快乐来熨平人生中那些不可避免的伤痕。

幽默感需要以一定的文化知识、思想修养为基点，多学习那些诙谐、风趣之人开玩笑的方式、方法。若是自身性格比较内向，那就在社交中尽量让自己放松、洒脱，想办法把话说得机智和委婉。当然，归根结底，幽默还是来自内心的爱与快乐，有了爱才会有宽容，才能告别满面愁容的自己；才能用快乐的方式来看待一切所有。

用幽默来化解意外的"难题"

富有幽默感的女人，宛若一个灵动的天使，悲苦时她会带来轻松，欢乐时她足够含蓄，危险时镇静自若，讽刺时不失礼仪。这样的女人，不管在人际关系中遇到怎样的状况，都能够巧妙而漂亮地处理，总会给人以峰回路转、柳暗花明的感觉。

某新书发布会上，年轻的女作家正在为她的言情小说做宣传，台下有不少粉丝不时地询问一些和新书有关的话题。

原本，现场的氛围很融洽，可随着一个男子的声音的出现，情况顿时发生了变化。陌生男子用不屑的眼神看着女作家，当众走到她跟前，非常无礼地说："你的作品写得不错，不过，请问是谁帮你写的呢？"

发布会的气氛变得紧张起来，场上鸦雀无声，有些读者面面相觑，谁也不知道接下来会发生什么样的事。女作家知道，眼前这个无礼的男士是故意来闹事的，不过她表现得很平和，没有生气，反而面带微笑看着对方，礼貌地回答他的问题："谢谢你对我的作品的夸奖，不过请问，是谁帮你看的呢？"

一句幽默的反问，让那位无礼的男士哑口无言，灰溜溜地离开了会场。女作家在智慧的幽默中，平息了这场无端的是非，赢得的是读者的掌声，留下的是睿智机敏的印象。

回顾我们的生活，类似这样的事比比皆是。与人相处时，不可能事事都顺利，也不能要求所有人都对我们笑脸相迎。被他人误解、嘲笑、轻蔑的状况，不知什么时候就会降临。这时候，女人若无法控制自己的情绪，不仅会影响人际关系，还会给自己的生活和工作带来糟糕的影响。所以，遇到意外的情景时，千万不要轻易发怒，一定要学会用幽默的力量来控制自己的情绪。

冲突分为蓄意的挑衅和无意的冒犯，多数情况下，冲突都是无意间引起的，这时候就可以用幽默的、与人为善的方式，对冒犯者进行温和的提醒，借助幽默的友爱之手，化解掉生活中的各种矛盾。

电影院里，一个年轻的女孩摸着黑去卫生间，走到此排座位的最外端时，她感觉自己好像是踩了别人的脚。当时急着去卫生间，她便没有及时道歉，回来之后才轻轻地对座位外端的女士说："刚刚我出去的时候，是不是踩到您的脚了？"

那位女士摆出一副很不耐烦的的样子，说："那还用问吗？"

女孩赶紧说："噢，那就是这一排了！真对不起，我有严重的近视……我帮您擦擦鞋吧！"

那位女士一听，马上表示没什么，说自己擦就行了。

由此可见，当你不小心冒犯别人的时候，对方在意的也许并不是你是否会赔偿他的损失，而是你对自己做错事的态度。如果错的人是你，你诚恳地认错了，用幽默的方式向别人道个歉，让对方感受到你的诚心，多数情况下，对方都会给予大度的谅解。

老舍先生说过："幽默者的心是成熟的。"幽默，是建立在人对生活的公正、透彻的理解之上的，从某种意义上讲，女人培养自己的幽默感，也是在培养自己的生存、处世和创造能力。心智不够成熟的女人，遇到事情往往会情绪失控，而真正成熟的女人，就算遇到困境和僵局，也会用幽默的言语来化解矛盾，让所有的不愉快在笑语中消逝。

某大学的新生寝室里，几个女孩子在争排座次。老三是个心直口快的姑娘，跟老六争执了半天，看到比自己稍小几日的老六终于叨陪末座，就脱口而出这么一句话："好啦！你排在最末，是咱们寝室里的宝贝疙瘩。你姓汤，以后就叫你'疙瘩汤'了！"说完，寝室里的几个女孩子捧腹大笑。

说者无心，听者有意。老六脸上长了不少的痤疮，这本就是她的"心头病"，每每想起都捶胸顿足，现在被寝室的女孩子拿来做了笑料，她岂能不恼火？

笑过之后，老三意识到自己惹了麻烦，心中懊悔不已。不过，她表面上倒是不急不恼，揽镜自顾道："'蜷在两腮分，依在耳翼间，迷人全在一点点'。老六啊，我现在可真是'一波未平，一波又起'呀！"

老六听后，不禁哑然失笑，怒火刹那间都烟消云散了。因为，老三长了一脸的雀斑，她那自嘲式的幽默，缓解了刚刚的尴尬气氛。

当然，幽默的道歉也得注意时机，如果对方正在发脾气，丧失了理性，这时候你一定要保持安静，等他慢慢地恢复平静；如果对方谩骂不休，你也不要抱薪救火，他会认为你是故意戏弄他，保持冷静，等他情绪冷静了，再用幽默的话来调节尴尬的氛围，情况肯定会好很多。

幽默是健康生活的调味品，也是女人处理棘手问题和尴尬状况时的一种办法。超然洒脱的幽默态度，往往会让窘迫尴尬的场面在笑声中消失。静下心来想想：用几句妙趣横生的言辞，就会化干戈为玉帛，使剑拔弩张变成过眼云烟，避免"针尖对麦芒"的交锋，又何必非要与人为了一点点的冲突而闹得彼此都不愉快呢？平和，才是女人最美的样子。

小心一点儿，别踏进幽默的禁区

台湾作家刘墉说："幽默就像抓痒。抓轻了，不痒，没有效果；抓重了，不是痒，是痛，得到反效果。抓得不是时候，对方不但不痒，还可能冒火。"

语言的威力是很微妙的，同样的话在不同的场合、不同的时机说出来，收到的效果便截然不同，幽默尤其如此。言语交际的失败，多数情况下都与滥用幽默有关。女人如果把握不好幽默的尺度，在众人的目光中，喋喋不休者宛若小丑一样滑稽，不仅让自己陷入尴尬的境地，还可能惹得别人反感，觉得你过于轻飘虚伪或不知深浅。

一位性格开朗的女士，很想得到某俱乐部主席的位置。在一次俱乐部成员的演讲中，她表现得过了头。整个演说过程只有1个多小时，她至少讲了20则笑话，还配上丰富的表情和引人发笑的手势，看到台下的听众们被逗得哈哈大笑，她一脸得意。在她讲到最后一则笑话时，有人起哄说"再讲一个"。结果，她真的又讲了一个，把人逗得疯狂大笑。

最后的评判结果公布了，她并没有当上俱乐部主席，她的票数是候选人中的倒数第二。她一脸沮丧地中走出俱乐部，恰好碰到那个喊"再讲一个"的听众，她问道："你说，我真的比她们差吗？"对方倒也诚恳，坦白地说："一点儿也不差，你比她们更有意思。只不过，你的幽默不太像演讲，有点像演喜剧。"

幽默不是用成串的笑料和廉价的笑话拼凑起来的东西，不够真实和自然的幽默，就变成了哗众取宠。更何况，演讲本是一件庄重而严肃的事，就算是想运用幽默，也得考虑到方式和方法，幽默得没边没际，太过夸张，为追求效果而手舞足蹈、脱离自己的平常个性，人家会觉得你虚伪浮躁，不够稳重。

同样是演讲，美国前总统卡特灵机一动的幽默更值得借鉴。

得克萨斯州是美国南方最大的一个州，也是美国重要的粮食产地。卡特总统在职时，得克萨斯州遭遇了罕见的干旱，他亲自前往旱区视察。碰巧的是，就在卡特总统的飞机降落前，大旱已久的得克萨斯州竟然下起了雨。他在飞往这里之前，绞尽脑汁地准备了一份演讲稿，没想到情况却突然间发生了转变，怎么办呢？

卡特总统踏上飞机跑道后，微笑着对那些在跑道上迎接他的农民们说："我知道，我这一来你们或许向我要钱，或许向我要雨。我拿不出钱来，就只好把这场大雨给你们带来了。"

这番幽默的话一出，民众们顿时都笑了，现场的气氛变得活跃起来。这一切，都有赖于卡特总统的机敏，抓住时机适当地幽默了一把，可谓是幽默到了点子上。如果不是遇到这样的情形，或者在其他场合上，这个温馨而俏皮的小幽默，可能就会变成冷笑话了。

幽默有度，讲求分寸和方式。需要幽默的时候，恰到好处地说上几句画龙点睛的话就行，不要过分出头。女人在运用幽默时，切记下面的几条忠告：

忠告一：幽默中不要带有讥讽的意味。

苛刻的女人无疑最令人反感，言语间仿佛带着刺，一不留神就伤害了别人的自尊心。也许讥讽、攻击、责怪他人的幽默，偶尔也会引人发笑，可这种方式往往让人难以接受，纵使嘴上不说，心里也会留下难解之结。

一位女教师借助回老家探亲的机会，拎着一篮水果去看望一位同事。当年，她们曾在同一所学校上班，只是后来她结婚去了外地，两人见面的机会少了，现在那位同事已经晋升为教导主任了。

多年未见，昔日瘦弱的同事如今心宽体胖、雍容富态。开门见是昔日老友，一边让进屋，一边又指着她手里的水果篮戏谑道："当年的你可是出了名的清高，何时落魄到走门子啦？"女教师听了之后，心里像塞了棉花，本是好意来看望，却被人讥讽成了"走后门"。女教师的自尊心受了打击，稍坐片刻就走了，此后再没有与这位同事联络过。

真正好的幽默是真情实感的自然流露，是严肃和趣味之间的平衡，不是为笑而笑，更不是嘲讽讥笑的中伤。讥讽式的幽默，真的不如不说，让对方觉得被嘲笑、被轻视，还不如规规矩矩、客客气气地礼貌待人，更显得尊重。

忠告二：恶作剧的幽默要不得。

好莱坞有一批专门爱捉弄人的演员，经常会开一些令人瞠目结舌的玩笑。有人用装有火药的雪茄请朋友抽，吓得对方魂飞魄散。虽然这种恶作剧能让人暂时忘了紧张繁忙的工作，放肆地大笑一场，可是被戏弄的人心里却很不好过。

幽默的目的本是为了愉悦，而不是为了惩罚。弗洛伊德说过：恶作剧就是平时压抑的情感与欲望得到的一种发泄。发泄情绪没有错，可前提是千万别伤害他人，特别是与自己关系亲密的家人和朋友。很多时候，就是那些不怀好意的恶作剧，会令你丢了所有的信任与好感。

忠告三：不要让幽默变成"碎碎念"。

画龙点睛式的一句幽默妙语，会让沟通的气氛顿时变得轻松，可一旦把笑句、妙语一股脑儿地全抛出来，就会让人承受不了。就像我们在开篇时说到的那位在演讲时不停讲笑话的女士，只会给人留下轻佻造作、没正型的印象。

有人说："幽默是一朵带刺的玫瑰，是一片风光旖旎的雷区，任何的冲动莽撞都可能饱尝苦果，让轻松美好走向它的反面。"

幽默就是一把双刃剑，用得好就能巩固与他人之间的关系，建立美好的印象；不小心踏入禁区，惹得别人厌恶和怨恨，实在是得不偿失。女人在运用幽默时，一定要注意时机、地点和言辞，如果把握不好，那么干脆就不要用了，规规矩矩、从从容容地说话，也好过伤害别人的自尊与情感。

第七章
穿过荆棘丛，不失风度地摆脱尴尬

尴尬局面的出现，往往是刹那的事情，如果缺乏镇静，就会大惊失色，或是缺少智慧与口才，那只能是手足无措，乱上添乱。遇到这样的场合，女人一定要保持镇静，随机应变，或是巧妙地转换一个话题，或是风趣地自嘲化解危机。

有人冒犯你，别急着发脾气

　　生活中免不了会上演一幕幕闹剧，每个女人都有可能遇到难堪的误解、不公平的批评、辱骂，或者是恶意的言语攻击。这样的现实确实有点残酷，但女人千万不要因为对方有意或无意的冒犯，就变得和对方一样失去理智。

　　相互争吵辱骂，不会给任何一方带来好处，只会扩大烦恼和怨恨。更何况，在对骂中没占得上风，无异于当众出丑，对自己的鲁莽和冲动懊悔不已；就算占了上风，把对方羞辱了一番，那又怎样呢？在旁观者眼里，也不过是一个满口脏话、没有修养的女人罢了。

　　把宝贵的时间和精力，用在与人争执上，实在是不值得；为了不值得的人和不值得的事，在众人面前丢了自己的内涵，毁了自己的形象，更是得不偿失。对于他人的冒犯，女人就算做不到"爱敌人"的好修养，也至少要爱惜自己，别让他人来影响自己的情绪和形象。

　　著名作家巴金先生，向来是一个敏于行、讷于言的人。在20世纪三四十年代，他曾经多次受到一些小人和无聊小报的谣言攻击。对于这些事，他是这样说的："我唯一的态度，就是不理！"

　　对于他人的言语侮辱和冒犯，同样理智的还有胡适先生。他在《胡适来往书信选》中有一封写给杨杏佛的信，其中有这么几句话："我受了十余年的骂，从来不怨恨骂我的人。有时他们骂的不中肯，我反替他们着急。有时他们骂的太过火，反损骂者自己的人格，我更替他们不安。如果骂我而使骂者有益，便是我间接于他有恩了，我自然会很情愿地挨一顿骂。"

气大伤身的道理，几乎每个女人都懂；与人争执吵闹有辱形象，这一点也是多数女人不愿看到的结果。可是，要每个女人能做到跟巴金、胡适一样，平静、幽默、宽容地面对他人的辱骂和挑衅，显然又不太现实。那么，到底该怎么做才能让自己既不在言语上有失礼仪，又不被对方轻易捉弄呢？

给对方的捉弄找一个高尚的理由。有时，他人的捉弄也许并无恶意，只是开玩笑过了头，如果因此而动怒，会显得很没有风度。不如顺势给对方的行为找个台阶，既让他意识到问题所在，又避免了自己难堪。

街头，几个正在打闹的小伙子，在人群中摘下了一位姑娘的帽子，看看姑娘有什么反应。没想到，姑娘非但没生气，还慢条斯理地说："我的帽子很漂亮吧？"小伙子笑着说："嗯，和你一样漂亮。"姑娘接着又说："你是不是想仔细看看，给你女朋友也买一顶？"小伙子有点不好意思了，说道："是啊，现在看完了，给你吧！"

转变话锋，不要让自己卷入漩涡。闲聊时，如果觉得对方的话锋不怀好意，或者是针对你时，就不好继续再说下去，以免落入对方的陷阱。

有些人喜欢搬弄是非，造谣生事，办公室里的某女就是典型的八卦者。一日吃饭时，她眉飞色舞地对身边的某女讲："昨天，你们部门的主任和助理吵得可精彩了，整个办公区都能听到，到底因为什么事呀？是不是助理抢了主任的功，他不高兴了？"

听到有人背后议论自己的上司和下属之间吵架的事，某女当然知道，怎么回答都不合适。说"不知道"的话，显得有点假；说"知道"吧，最后可能被冠上造谣者的称号。所幸，她话锋一转，反问八卦女："这么说，你知道是吗？"八卦女摇摇头，说："我也是听说的。"

当对方无理挑衅时，不要暴跳如雷，横加指责，可以悄然无声地来一出以其人之道还治其人之身的戏。不仅维护了自己的尊严，也给了对方巧妙地回击。

萧伯纳写的剧本《茶花女》即将上演之际，他派人给丘吉尔送了两张戏票，还附加了一贴短笺："亲爱的温斯顿爵士，献上戏票两张，望阁下能携同一位朋友前来观看演出，如果阁下这样的人也有朋友的话。"

很显然，萧伯纳是在嘲笑丘吉尔只有对手，没有朋友。对于这样一封算得上无礼的"邀请信"，丘吉尔很淡定，他给萧伯纳回了一封信，上面写道："亲爱的萧伯纳先生，十分感谢您赠送的戏票，我和我的朋友因为有约在先，无法分身去看《茶花女》的首场演出，下一场我们肯定会去，如果你的戏有第二场的话。"

言语中没有透露出任何的愤怒情绪，却在礼貌的拒绝中，嘲笑了萧伯纳的剧本会短命，没有生命力。两人虽是针锋相对，却都显示出了各自的智慧，以及语言上的天赋。这样的回应，远远比直接地回击和指责要高雅得多。

著名翻译家傅雷说过一句话："一个人只要真诚，总能打动人。"

女人应该培养宽广的胸怀和气度，想想看：十个手指头还长短不一，更何况是成长环境、身份地位不同的人呢？当别人说了冒犯你的话，不必暴跳如雷，让对方的话激起自己的情绪，那样只会显得你定力不足，修养不够。你只要继续保持自己的优雅，不急不躁，用巧言妙语来回应对方就行了，如若真的觉得不可理喻，也可以保持沉默。别忘了，聒噪不如沉默，息谤得于无言。

冷场时巧妙地转换一下话题

聊天的时候，最平常也是最令人尴尬的事，莫过于冷场。可能是你说的话题对方不感兴趣；也可能是因为对方有过一些特殊的经历，对某些话题极为敏感；或是朋友不慎谈到了你不熟悉的事情……彼此熟悉的朋友还好，沉默片刻也不会觉得太别扭，或者干脆直截了当地说明原因；若是不太熟悉的客户，或是刚刚结识的朋友、同事，那就有点麻烦了。

怎么办呢？这时，就要考验女人的智慧和口才了。一个话题卡在那里动弹不得，交谈难以持续，女人就要巧妙地转换一下话题，把谈话引向自己和对方都感兴趣的方向，让彼此"有话可说"。要注意的是，变换话题可不是乱打岔，要转变得不露痕迹，非常自然。

前后两个话题衔接要很自然，不要给人感觉是刻意而为之。

在某单位举办的一次退休欢送会上，一位老同志感慨万千，说他这辈子从来都没得过"优秀工作者"的称号，实在太遗憾了。恰好，这番话让一位年轻的小伙子听见了，他与老同志曾在同一部门工作，之前跟这位老师傅有点过节，于是就来了一出"火上浇油"，不饶人地说："真不是您不优秀，要说，还是我们不好，我们从来没有提您的名。"

可想而知，不管是开玩笑还是怎么样，老同志听到这样的话，自然很生气，只是碍于面子没有跟年轻的小伙子争执。当时，场面显得很尴尬，谁也不知道该说什么才好。

这时，一个刚刚参加工作不久的女孩站出来，说："是啊！老同志们平日里都把机会让给我们了，把时间和精力都用在指导年轻人上了，我就经常受到李老的指点，以后您不在厂里了，我找谁倾诉烦恼呀？李老，您以后有什么安排呀？什么时候方便，我要找您拜访取经！"大家顺着女孩的话题附和起来，都说要找老同志去聊天，刚刚的尴尬烟消云散了，气氛又重新活跃了起来。

无疑，女孩的话题变换得非常巧妙，本来大家都关注着"从来没有提你的名"这件事，她却把老同志"被动评不上"的问题变换成了"帮助年轻人，主动把机会让给年轻人"，瞬间把老同志的素质"抬高"了。同时，还表达出了自己对老同志的尊重，感激他给予自己的帮助，以此引出"以后找谁来倾诉烦恼"和"退休后有什么安排"的话题，这是所有退休的员工都很关心的话题，大家你一言我一语，气氛活跃了，老同志自然也不会有"人走茶凉"的惆怅感。女孩不动声色地转换了话题，不仅避免了难堪的场面，还挽回了老同志的面子，确实值得效仿。

转换话题时，前后谈论的事情跨度不要太大。

假设你跟朋友在谈论某位导演的一部电影，对方表示没有看过，这时候你完全可以转换到这个导演的其他作品。千万不要生硬地转换到经济领域，之后又谈运动，这样左一句右一句，会让人摸不着头脑，以为你什么都不精通，故意卖弄。

不要随意转走他人的话题，要照顾别人的情绪。

如果别人谈论的话题你不熟悉，也不太感兴趣，想要转换话题聊聊其他的事，那可以试着把对方说的重点换掉，但千万不要转换领域。比如，对方正在滔滔不绝地说着某旅游胜地的景观，而你并未去过，也不太了解，恰好你了解那边的一些美食小吃，那就可以引申开来，说说美食文化。千万不要在别人兴致勃勃的时候，突然说"我们聊点别的吧"，或者干脆直接转移到毫不相干的领域，这会让对方觉得很扫兴，也显得你不懂人情世故，不给人留面子。

遇到谈话冷场时，可以向对方提几个问题，引出新话题。

提问不是随意的，千万不要问别人难以回答的问题，也不要问超出对方知识水平的问题，或者是别人难于启齿的隐私。另外，尽量避免一问一答式的提问，这会显得非常刻板。比如，家里来了一位南方客人，你若问："您刚到北京吧？""南方没有北京冷吧？"这些问题就比较封闭，对方只能一次次地重复说"是"。若是换成开放式的问题，问对方："这次来北京有什么新的感触？""您的家乡现在建设得怎么样？"这样不仅能打开对方的话匣子，还能让气氛自然融洽。

向对方介绍一些人和事，转移大家的注意力，引发新话题。

谈话出现冷场时，你可以试着提出一个多数人都比较感兴趣，且有可能发表看法的人和事，重新引出话题。你还可以用闲聊的方式，和一两个人聊聊家常，问问无关隐私的生活情况，引出众人关注的话题。如果实在找不到话题，就看看天气或是周围的事物，发表一点看法，引起议论，一旦进入聊天的气氛，话题自然就来了。

不管以哪种方式来化解冷场，有一点是共通的：聊天的话题一定要有趣有益。曲高和寡会让别人不知如何接话；淡而无味同样让人觉得无聊。讲话多思考，平日多一点"库存话题"，往往都能在关键时刻派上用场，正所谓：于闲暇时把握良机，于细微处看清来路。如此，僵局自然也就遁逃无形了。

学会给周围的人打圆场

　　一家电器公司因为产品的售后问题，引发了不少消费者的投诉。闻讯之后，记者们纷纷到公司采访，恰好看到经理秘书正在跟一群消费者解释。记者把目光都投射在那位年轻的女秘书身上，向她询问情况。

　　也许是年轻不经事，也许是害怕承担责任，面对记者的轮番"轰炸"，她竟然说："我们经理正在办公室，有什么问题你们还是直接采访他比较好。"此话一出，记者们一窝蜂似的闯进了经理办公室。经理无处可躲，只好硬着头皮一人应对记者们提出的刁钻问题。

　　事后，经理得知秘书在公司门口所说的话，非常生气。他指责秘书没有事先跟自己汇报情况，弄得自己措手不及，丝毫没有处理公关危机的能力，一气之下直接把她解雇了。

　　公司的产品售后出了问题，对公司所有人来说都不是什么好事。此时，公司的领导最希望看到的就是下属能挺身而出，跟自己一起渡过难关，而不是把所有问题一股脑儿推到自己这里。至于那位女秘书，最终遭到解雇，只也能怪她不懂得打圆场，给本来就不明朗的现状来了一出火上浇油。上司正处于尴尬的局面，如果她能换种方式，给上司解解围，打打圆场，事情也许就会出现转机了。可惜，说出去的话就像泼出去的水，收不回来了。

在人际交往中，不管是主观的、客观的、人为的、意外的，尴尬的场面总会不时地出现，而且往往只是一瞬间的事。若是缺乏镇静，大惊失色，那只会乱上添乱，聪明的女人肯定会冷静地观察局势，随机应变，用机智灵巧的语言及时替人解围，驱散弥漫的硝烟，化戾气为祥和，让双方都不至于陷入无法转圜的僵局之中。

孙女士开了一家鲜肉馄饨铺，人来客往，生意很是红火。

有一次，一位中年妇女排了半天号才等到一个座位，要了一份自己爱吃的馄饨。馄饨端上来之后，她想先尝一口汤，不料汤的味道刺激了她的鼻子，一个响亮的喷嚏"震惊"了馄饨铺里的人，更糟糕的是，她的唾沫和着汤喷到了对面一位年轻女孩的身上和碗里。

年轻女孩顿时就站了起来，冲着那位中年妇女喊道："你怎么回事？打喷嚏不知道捂着点吗？"其实，中年妇女也没想到自己会这么失态，赶紧向那位女孩道歉。当着那么多人，自己给人赔不是，还闹了这么一出，她脸上也有点挂不住。

缓过神来后，中年女士开始冲着老板孙女士喊："我告诉你不要放辣椒，你怎么还放啊？这顿饭我没法给你钱，我还得赔人家的饭钱呢！"孙女士问伙计，伙计撇嘴摇摇头，他根本就没往碗里放辣椒，这不过是中年妇女给自己找的"台阶"罢了。

饭馆里的人开始七嘴八舌地嘟囔，客人都想看看这出闹剧该怎么收场。孙女士知道，这么耗下去不是个事儿，就赶紧打圆场，冲着厨房的伙计说："算啦！再煮两碗馄饨，钱都免啦！和气生财，和气生财！"听她这么一说，两位顾客才平静下来，一场争论就此打住了。

人人都有好面子的心理，尤其是在公共场合遭遇尴尬，更是让人觉得窝火和沮丧。如果争论的双方都挺尴尬的，谁也不肯说软话，那么你就要从旁边巧妙地为双方打个圆场，让凝滞的气氛得到缓和。作为争论的局外人，孙女士做得就很好，随机应变地化解了两位顾客的矛盾，不偏不倚，让两位顾客都觉得没有任何偏颇，心理上都得到了安慰，自然也就平息了怒气，实现了"你好，我好，大家好"的结局。

不过，打圆场并不是随随便便地"劝和"，它是有技巧可言的。如果运用得不好，很可能会酿成火上浇油的局面，让事情变得更糟。要避免类似的情形出现，女人就得多学习一些打圆场的方法，让自己遇事不慌，化身为和平的使者。

当某个话题无论怎样继续下去，都会引起双方的争执和对立时，那么你就要试着转移大家的注意力，缓解尴尬的局面。

体育比赛时，一个男生的衣服被压在了下面，一时发火就把上面压着的那些衣服都扔了下来。另一男生看到自己的衣服被扔到地上，自然也气不打一处来，两人就此吵了起来。女教练见此，知道如果继续讨论衣服的话题，只会让矛盾激化，会影响运动员的情绪。她笑呵呵地打圆场说："你们平时玩得那么好，今天是怎么了？对手都准备好了，正盼着咱们输呢！咱们现在得齐心合力，团结一致！"很快，两个男生就把注意力重新放到了比赛上，至于衣服的事，谁都没再提。

在特定的场合做不合时宜或是不合情理的事，往往也会令人陷入尴尬的窘境。此时，如果能给对方找一个借口，让他有"台阶"可下，双方的尴尬就能够化解了。

一次，齐白石在看护伍德萱的陪同下，参加了新凤霞的"敬老"宴会，当天出席的人中有不少文艺界名流。齐白石很早就听过新凤霞甜美的唱段，见到本人后，非常激动地握住新凤霞的手，仔细地凝视了一番，此举让对方觉得有些不好意思。他的看护提醒他说："你总是盯着人家看什么呢？"这句话听得齐白石很不高兴，他反驳说："我这么大年纪了，为何不能看她？她生得好看。"说完之后，脸都红了，看护一时间也不知道如何接应。

这时，新凤霞笑着说："齐老，您看吧，我是唱戏的，不怕看。"旁边的人听了也凑热闹地说："老师喜欢凤霞，干脆就收她做干女儿吧！"几句趣话，最后竟真的促成了一段佳话。

想要赢得别人的好感，在人际关系上游刃有余，就必须掌握打圆场的技巧和方法，用理解的心情找出尴尬者陷入僵局的原因，最终达到"你好，我好，大家好"和气收场的目的。生活中，唯有深谙人心、懂得圆场的女人，才能处处受人欢迎，取得顺畅生活的通行证。

恰当的自嘲，风趣地化解尴尬

人非圣贤，孰能无过？无论一个女人的心思再怎么细腻，做事再怎么谨慎，也难免会有疏忽的时候，她不可能事事都做得完美，总会有意无意间犯一些错误、说错一些话，或是不小心得罪了别人，虽然主观上并不愿如此，但客观上却让气氛变得凝重，面对这样的尴尬境遇，该怎么处理呢？

有些女人比较羞涩，遇到尴尬的事，慌张得不知所措，只懂得掩面而泣，或是匆匆走掉。其实，越是这样，越会遭人耻笑。真正聪明会处世的女人，不会任由尴尬继续下去，她会在别人开口指责、生气发怒、嘲笑讥讽之前，自贬自抑，放下自己的架子，大胆地自嘲一番，赌住别人的嘴巴，为自己争取主动权。

千万不要觉得，自嘲是一件多么丢脸的事。事实上，女人敢于自曝其丑，恰恰展示了内心的坦诚和大度，给人值得信任和亲切的感觉。有时候，羞羞涩涩、敏感多疑地维护自尊，倒不如坦荡地正视自己的问题，既融洽了气氛，还可以从侧面展示出自信与自尊。

一位女设计师，因为工作太辛苦，开会时竟然睡着了。令人发笑的是，她的鼾声很大，逗得与会者哈哈大笑。女设计师醒来后，发现周围的同志都在笑话自己，自然也知道怎么回事了。某同人说："没想到你一个柔弱的女子，能打出这么有水平的'呼噜'。"她笑着说："这可是祖传秘方，你看到的不过是凤毛麟角，真正高水平的还没发挥呢！"这句逗笑的话，顺利地帮她解了围。

不谙世事、口无遮拦的女人，遇事往往喜欢责备他人，试图用这样的方式来给自己找台阶；通情达理、会说话的女人，遇到尴尬的事时会以自己为对象来取笑，在欢笑与风趣中，感动别人，获得自尊和自爱。自嘲表面上是嘲弄自己，实际上却是一种摆脱尴尬的应变奇术。

一位著名的女主持人，当年受邀为一次大型文艺晚会担任主持人，在晚会上，不小心在下台阶时摔了一跤。现场有数千位观众，还有不少名家，出现这样的情况实在太令人尴尬。就在许多人都为女主持人捏了一把汗时，只见她非常淡定地爬了起来，凭借着自己特有的口才，笑着对台下的观众们说："真是马有失蹄，人有失足啊！我刚才的狮子滚绣球的节目，滚的还不熟练吧？看来，这次演出的台阶不是那么好下的呢！但是，台上的节目会很精彩，不信你瞧他们。"话音刚落，台下就响起了热烈的掌声。

碰到过类似情况的，还有一位女歌手。她在华丽的舞台上深情地演唱，不少人为之动容，可就在曲毕谢幕时，她还没走出两步，就被麦克风的线绊倒在地，华贵的衣装、娇美的身躯，与当时的狼狈状形成鲜明的对比，观众一片哗然。

女歌手并未露出慌张的神色，她急中生智地站起来，拿起话筒说了一句："我真的为大家的热情倾倒了。"这番高明的自嘲之语，瞬间让杂乱声化作了笑声和掌声，女歌手也成功地为自己挽回了面子。

有时候，女人也会因为自身的长相、身材苦闷惆怅，担心别人异样的目光，对涉及此方面的话题敏感不已，久而久之，就被狭隘的自尊心理束缚了。对于这样的事，与其躲躲闪闪、避而不谈，倒不如表现得超脱一点，自嘲自讽，宽慰自己，不仅能缓解烦闷的心情，还能避免别人笑话自己，显现出一种豁达和自信。

英国作家杰斯塔东是个大胖子，行动起来特别憨笨，用别人的话说，简直就是"路也走不动，山也不能爬"。不过，他倒没为这件事自卑，就像罗慕少坚持"愿生生世世为矮人"一样豁达，他对肥胖看得很淡，还时常自嘲。

有一次，他对自己的朋友说："我可是天下第一大好人，每当我在车上给妇女们让座时，我的一个座位，足以让三个妇人坐下。"这番话逗得朋友们哈哈大笑，觉得他实在风趣，而这种自嘲也让他的缺陷在笑声中悄悄地被掩盖了。

身材这件事，对男士都有可能会造成一些心理上的负担，对于爱美的女士来说就更是一块"心病"了，尤其是作为公众人物的女明星，更是对自己的形象十分在意。不过，有时候体型已经如此了，改变不了，那就得像杰斯塔东一样学会宽慰自己。

有位著名的女演员，体型肥胖，但她从不在意别人异样的目光，就算偶尔有人提到身材保养的话题，她也表现得很坦荡。还时常拿自己的体型开玩笑。她曾经当众说："我从不来不敢穿白色泳衣在海边游泳，我一去，飞过上空的美国空军一定会紧张得要命，他们会以为自己发现了古巴。"一句自嘲，不仅没有降低女演员的品位，反让人觉得她性格可爱、爽朗。

鲁迅先生说过："我的确时时解剖别人，然而更多的是更无情面地解剖我自己。"

解剖自己需要勇气，自嘲同样需要勇气和魄力。一个懂得自嘲、敢于自嘲的女人，内心一定是自信而开阔的，她的自嘲绝非玩世不恭，而是包含着强烈的自尊和自爱。她能在众人面前，用轻松而自然的神情、幽默而智慧的话，把自己的缺点和错误坦白地说出来，定是有一颗强大的内心，才可以泰然自若地面对所有。这不是女人最美、最吸引人的地方吗？

说"糊涂"话，不让自己为难

　　相传，宙斯命令珀尔修斯去捕杀精明的魔女墨杜萨。墨杜萨为了逃过珀尔修斯的慧眼，摇身一变，化作了他的爱妻安德洛美达，招摇于市井之间。珀尔修斯故意装傻，把家里最好的宝物告诉了墨杜萨，还不停地说自己耳聋眼花，难以担当大任了。

　　第二天，墨杜萨悄悄地潜入珀尔修斯的庭院，想要盗取宝物。珀尔修斯假装午睡，故意装作什么都不知道的样子。墨杜萨以为自己得逞了，却不知道她其实早已经落入了用糊涂编织的包围圈。

　　宙斯见此情景，脑海中第一次形成了糊涂亦为智的概念。后来，他把珀尔修斯称为英雄的仙子，还把他列为星座。

　　故事的寓意简单明了：假糊涂才是真聪明。不是原则性的大是大非，就不必斤斤计较，争个清楚明白；同样，在人际交往中，很多时候说话也不可太过明白真实，尤其是遇到那些容易产生分歧或是难以回答的问题，用含糊的语言或是假装糊涂的方式回答，就可以巧妙地从困境中解脱，避免尴尬。

　　基辛格博士曾经担任美国国家安全事务助理和国务卿，是一位幽默睿智的外交家，善于应对那些重要的场面。1972年5月，他跟随尼克松访苏结束后，就前往德黑兰作短暂的停留。抵达德黑兰的那天晚上，伊朗首相邀请了基辛格去看舞女帕莎的演出。帕莎的舞艺十分了得，基辛格看得出了神，演出结束后，他还跟帕莎交谈了许久，之后才回到住所。

第二天，在总统的座机上，开始有人就基辛格和帕莎的交谈之事作文章。美国《纽约时报》的一位记者向基辛格打趣："你喜欢帕莎吗？"面对如此唐突而不怀好意的戏弄，一般人肯定会觉得很尴尬。不过，基辛格显得很从容，他一本正经地说："她是个美丽的姑娘，对外交事务很感兴趣。"这位记者会意错了，继续追问："是真的吗？"基辛格严肃地解释："这还有假？我们一起讨论了限制战略武器的方案，我还花费了很长时间向她解释，如何把导弹安装在一级潜艇上。"听到这里，记者才知道自己上当了。

对方既然提问，就理应回答，至于如何迂回地达到躲闪、回避别人问话的目的，就是一种智慧了。既不会让对方显得太难看，又维护自己不能说、不便说的原则，真则假之，假则真之，正话反说，反话正说，让对方被迷惑，而后体面地从尴尬中抽身，这就是基辛格所用的佯装糊涂之法。

谁都知道，拒绝人不是一件容易的事。相信不少女人都曾遇到过"借钱"的难题：朋友开口向你借钱，而你手头也不富裕，或是有其他的打算，看着朋友诚恳的样子，一时间不知道怎样答复？为了避免两个人都尴尬，或者因此闹得不愉快，此时完全可以试试模糊语言。

朋友急于凑房子的首付向丽娜借钱，丽娜当时不太想借给朋友，一是家里装修需要用钱，二则有一部分钱是定期存款，她不想提前支取。她对朋友说："我现在手头没什么富裕，好在有一套房子出租着呢，只是得过几个月才能收到今年的租金，那样的话才有富裕的钱借给你，你看行吗？"

丽娜的一番话说得很漂亮，没有说不借，也没有说马上借，而是说明了自己的苦衷和缘由，字里行间透露着这样的信息：我暂时没有多余的钱，一时间拿不出来；我也不是富贵之人，就靠收点房租维持生计，我在尽自己的能力帮你；过几个月再来拿，也没有说出明确的时间，到时候借不借，也是未知。其实，丽娜明知道朋友急着买房，而且差得钱也不是很多，显然不可能等上几个月。

朋友听丽娜这么说，心里自然也明白了，可人家说得合情合理，他也没什么怨言。毕竟，丽娜没说不帮自己，只是需要等一等，借钱虽然没有成功，可至少彼此的情面还在，他也没有去怨恨丽娜。

有时，你可能心里明白一件事的来龙去脉，却不好意思直言，怕伤害对方的自尊，影响彼此的关系。对于这样的情况，一样可以用"装糊涂"的方式来解决。

某学校的一位物理老师，在一次课后发现实验室里丢了几面凸透镜。课后，她偶然间发现有几个调皮的男孩拿着凸透镜在阳光下玩，而凸透镜上的标签更让她肯定，那就是实验室里丢的那几面凸透镜。

学生们和她四目相对时，神情显得很慌张，她知道如果这时直接说出实情，会伤害几个孩子的自尊心，毕竟这也算是"偷窃"的行为。女老师很聪明，她故作糊涂地说："谢谢你们啊！昨天我在实验室准备实验，发现少了几面凸透镜，我想是搬迁的过程中丢了。我沿途找了好几遍都没找到，谢谢你们啊！这样吧，你们继续做实验，下午把它们送到实验室就行了。"

下午，学生们主动把凸透镜还了回去，从此对女物理老师也变得更加尊重了。在她的课上，原本调皮的学生竟也听话了许多。女老师心里明白，这都是因为她为几个学生摆脱了尴尬，照顾他们自尊心的结果。

许多时候，揣着明白装糊涂，是一种人情的练达。人生数十年，女人会遇到各种"难堪"的情境，在这样的场合下，少点斤斤计较，多点宽容大度，做出退却的姿态，说两句"糊涂话"，既能保护自己，也能成全他人。

自圆其说，让口误绝处逢生

不管是光鲜亮丽、万人瞩目的名人，还是芸芸众生的普通人，谁都免不了会发生言语上的失误。无关紧要的口误，会惹得众人一笑；而那些严重的口误，很可能会引起纠纷，闹得不愉快。正因为此，有些女人一不小心说错了话，陷入了口误的窘境，就变得慌乱起来，不知该怎么处理了，尴尬不已。

楚莉是一名空姐，鉴于职业的缘故，她们经常要接受一些特别的语言训练。可即便如此，在平常的工作中，还是难免会出现口误。

有一次，楚莉本着顾客至上的精神，热情地为乘客服务。当她询问一对外籍夫妇他们的孩子是否需要早餐，令人感到意外的是，男乘客竟然用中国话告诉她："不用了，我们的孩子吃的是母乳。"楚莉没有听清楚，为了表示诚意，她又补充了一句，说："噢，是这样啊！如果您的孩子需要早餐，请随时通知我好了。"

外籍夫妇被楚莉的话惊呆了，片刻之后大笑起来。楚莉这才明白对方刚刚说的话，她还是个未婚的姑娘，为了这句口误涨红了脸，不知如何是好。

其实，一不小心说错话也是难免的，大可不必为此乱了分寸。要知道，谁都会有失误的时候，每个人都是在错误中成长起来的。最重要的是，女人在出现口误之后，一定要保持冷静，想办法给自己圆回来，这是在日常交际中必须要掌握的说话之道。

发生口误时，最直接的处理办法就是承认自己的口误，用自嘲风趣的话来扭转局面。

在一次游戏节目中，知名的女主持人本该要求观众上台把一个个球放进筐子里，但因为出语太快，她一时慌乱，竟然把话说成了"把筐子放进球里"。话刚说完，女主持人就意识到了自己的口误。她很镇定，一边笑着一边向观众解释："哎哟，瞧我乐的，把话都说反了。我也没这个本事把这么大的筐子放进这么小的球里，应该是把球放进筐子里。好，游戏开始！"这么一番自嘲又风趣的话，逗得现场观众都笑了，节目现场的气氛也跟着变得活跃起来。

名嘴崔永元在一次节目中，错把"勿以恶小而为之，勿以善小而不为"的作者说成了孟子，不少观众听后纷纷致电致信，指出他犯了不该犯的错误。

为了弥补这个口误，崔永元后来在《实话实说》的"小事不小"这一环节中，特别提到了这件事，他是这样解释的："……我给孟子打了电话，他说他好像没有说过这句话……我特意买了一本《三国志》，从里面查到了这句话的出处。我错了，在此我向全国的电视观众，特别是给我写信的观众朋友致以谢意和歉意。"说完，还朝着台下深深地鞠了一躬。

当着那么多观众的面儿，用自嘲的口吻承认了错误，不仅让人觉得他够坦诚，也觉得他足够幽默风趣、不刻板，给观众留下了不错的印象。从这件事上也可以看出，言语上出现了失误，与其犹抱琵琶半遮面地掩饰，还不如公开承认并道歉，诚恳的态度往往能让他人理解和原谅那一点点疏忽和纰漏。

会说话的女人，在知道自己犯了口误的时候，还可以借助另一层义项来诠释口误，峰回路转，摆脱窘境。

在一次热闹的婚礼上，新人及其亲友们都沉浸在兴奋和喜悦中，漂亮端庄、巧舌如簧的女司仪，更是给婚礼大大添彩。可谁也没想到，在宴会的中途，女司仪竟然出现了严重的口误："各位来宾，今天晚上为新郎和新娘送来花圈祝福的还有……"谁都知道，花圈是用在葬礼上的，在如此喜庆的场合说出这样的不祥之言，可想而知，会引起众人多大的反感。她刚说完，热闹的场面就变得安静了，众人面面相觑。

旁边的助理赶紧提醒女司仪，老练的女司仪不慌不忙地说道："很抱歉，我原以为美丽的新娘是朝鲜族人，因为韩国人结婚时亲友都送花……（双手合抱，意味着'圈'字）。"

女司仪这样的解释，顺利地帮自己摆脱了尴尬，也给了众人一个满意的"交代"。

出现口误时，最重要的一点就是及时发现，及时想办法用巧妙的语言加以弥补。若是等到他人指出你的口误时，就会显得更加尴尬了。所以，女人在处理口误时，一定要抓住时机，让自己的处境由被动变为主动。在弥补口误的方法上，除了我们上面说的两种方法之外，还有一些办法也值得借鉴：

迅速地撇开错误言辞，不要在出错的地方继续纠缠下去，之后再在口误的后面接上一句："然而正确的说法应该是……"或者："我刚刚那句话还不够完善，还应该加以补充……"这样一来，就可以把口误甩到一旁，对自己的言语错误进行修补了。

把说错的话转移到别人的头上。举个简单的例子，意识到自己说错话之后，可以这样说："这是某些人的观点，我并不认同。我认为，正确的说法应该是……"如此，就给自己弥补口误找了一个台阶，就算别人意识到了你的过失，可听你这样一说，也不会揪着不放了。

把错误的话引申为其他意思，即将错就错。发现自己说错话后，索性把原先错误的意思转变为其他含义，让它听起来顺理成章。

一位婚礼主持人在介绍新人时说："走过了恋爱的季节，就步入了婚姻的慢慢旅途，感情的世界需要经常润滑，你们现在就好比是一台旧机器……"其实，他想说的是"新机器"，可话已经说出去了，怎么办？主持人很淡定，随即补充了一句："已经过了磨合期。"大家一听，纷纷觉得这个比喻用得很妙。本是一句口误，经过加工补充之后，就变成了一句妙语。

口误是不可避免的，在日常交际中，应当尽量降低和减少这种错误出现的频率。如若不慎说错了话，也不要为此惊慌失措，只要能及时而巧妙地弥补口误，一切自会云淡风轻。

遭遇敏感话题，学会灵活变通

世人常说，做女人是一种态度。在大事上坚持自己的原则，这是有主见、负责任的象征，可如果事事都上纲上线，不知道变通，那未免会走向较真儿的极端。生活中，每个女人都可能会遇到一些比较棘手或敏感的问题，在不该较真儿的时候，就得学会灵活变通，把话说得圆满缜密，让对方无可挑剔。

当代著名女作家谌容，在访美期间遇到过这样一件事。她受邀到一所大学演讲，台下的美国朋友提出了各种各样的问题，还有个别人提出了非常刁钻的问题，她都坦诚地一一给予了答复。

有人问谌容：“听说您至今还不是中国共产党党员，请问您对中国共产党的私人感情如何？”

谌容敏捷地答道：“你的情报很准确，我确实不是中国共产党党员。不过，我的丈夫是个老共产党员，我们共同生活了几十年，尚未有离婚的迹象，由此可知，我同中国共产党的感情有多么深。”

谌容在回答“对中国共产党的私人感情”问题时，巧妙地偷换了概念，机智得体，顺理成章，任谁听了也挑不出什么问题。

生活中，多数女人也都曾碰到过一些敏感的问题，总觉得如何回答都不妥当。这些问题里包裹着许多潜台词，一不留神就可能说错话。特别是在工作领域里，因为说话的问题而最终错失良机的女人，绝不在少数。所以说，聪明的女人在应对这些棘手的问题时，一定得学会用"太极术"，柔韧结合，圆润变通。

过五关斩六将，秦萌终于从上百名应聘者中脱颖而出，进入最终的面试。她应聘的职位是公关部助理。众所周知，公关部最主要的作用就是处理一些危急事件，对员工的应变能力要求非常高。因此，在最后一轮面试时，主考官提出的也都是一些比较敏感的问题。

家庭和事业哪个重要？

这是职场中最常见的一个问题，也是一个很难回答的问题。站在公司的角度，自然希望应聘者以事业为重，但同时也希望员工有幸福美满的家庭，毕竟小家安稳了，才能免除后顾之忧，集中精力去工作。显然，直接二选一说哪个重要，都不太合适。

秦萌自然懂得这个道理，她说："我认为，不管是工作还是家庭生活，女人的最大目标都是让自己活得有价值。我很想通过工作证明自己的实力，体现自我价值，可话又说回来，那些相夫教子培养出人才的家庭主妇，活得也同样有价值。更何况，一个成功的男人背后，往往站着一个伟大的女人，这个说法也是被世人认同的。"她没有直接说明自己更看重事业还是家庭，但这样的回答却恰恰体现出了女人刚柔相济的特点。

你怎么看待晚婚晚育的事？

结婚生子几乎是每一位职场女性必然要经历的一关，对于这个问题，回答得是否得体，直接影响到应聘的结果。单位的招聘者，最想知道的就是，你在工作和生育的关系上，持一种什么样的态度，就像近期播放的电视剧《辣妈正传》里，最突出的一个问题就是婚育和工作的选择。

为了工作晚结婚、晚生育，这是用人单位所希望的，可若真的这样选择了，恐怕也会令人心生疑惑：一个连孩子都可以放弃的人，若在其他利益的驱动下，是否也会动摇？对于这个问题，秦萌回答得很漂亮："每个人都希望鱼和熊掌兼得，可当两者不能够同时得到的时候，在一段时间内我会选择工作，毕竟生活要靠坚实的经济基础来维持。但我想，总会有合适的时候让我两者可以兼得，至于什么时候最合适，我想单位和上司也会替我考虑的。"

如果上司对你有非分之想怎么办？

这个话题往往是职场女性难以启齿的事，你若直接回答"该怎么办"，那无疑是建立在上司"有"非分之想的基础上，这样的回答，其实会让问话的人感到难堪。秦萌很巧妙地回避了这个问题，而是用一个事例表明了自己的态度，她说："你们能提出这样的问题，我非常感激，这说明贵公司的高层领导都是光明磊落的人。坦白说，我曾经从一家公司愤然离职，就是因为老板起了非分之念，而当初他们在招聘时也没有问到这个问题。相比之下，如果我有幸进入贵公司，自然会为事业倾尽全力。"

你能接受出差吗？

在回答这个问题时，秦萌的竞争对手是这样说的："我现在还年轻，也比较喜欢新鲜的事物，对出差没什么异议。一方面，能够为公司办事；另一方面，还能有幸见见外面的世界。"

轮到秦萌时，她的回答截然不同："只要公司需要我出差，我肯定义不容辞。这两年，一直忙于工作，几乎没有出过远门，虽然家人不反对、男友也表示愿意陪同，可终未成行。今后，出差很可能会成为我工作的一部分，这一点在我来应聘之前，家人也早已经告诉我了。"

乍一听，两个人回答得都不错。最终，用人单位选择了秦萌，究其原因很简单：询问出差事宜的目的，其实就是想知道应聘者家人或恋人对其工作是否支持，绝非是真的想问应聘者究竟喜不喜欢出差，毕竟这是工作的一部分，员工总要听从公司的安排。

　　通过这样的面试考核，秦萌最终被公司录用了。招聘者看中的是她说话做事懂得变通的机灵，尤其是在口才方面，再敏感的问题，也能轻松自如地应对。公司有这样的公关人才，才能游刃有余地处理种种不可测的意外。

　　遇到敏感问题，不要气急败坏，也不要讲不出话来，更不可随心所欲地回答，要知道提问者的用意，更要明白草率回答给自己带来的负面影响。不便直接回答的话，就绕个弯子一带而过，或是避实就虚；难以回答的棘手问题，就要学学"太极术"，柔韧有度，既保护了自己，又体现出了敏捷的才思。

第八章
轻启朱唇，把"刺耳"变成"悦耳"

当别人发出的请求让自己感到为难，想要拒绝时；当自己有了意见，却不知道该如何开口时；当别人做错了事，你又不得不开口提醒和批评时；当不速之客一直与你闲聊，而你恰好还有其他安排时……面对这些，女人要学会委婉地给话裹上一层"糖衣"，让刺耳的话变得悦耳，就不用担心遭到他人的记恨了。

批评人时，给话里加点"糖"

在一次年终总结会上，经理正说到兴头上："经过各位同人的辛苦努力，今年公司总共创造了240万美元的利润，这可是一个很大的飞跃啊……"

"不对，经理"，女助理突然打断了经理的报告，"这是上半年的统计数据，实际上，我们公司今年的利润总额已经达到了370万美元。"说话的时候，女助理还一脸的得意，觉得是在汇报一个喜讯。殊不知，听到她的指正，经理已经尴尬得满脸通红了。

每个人都有自尊心，更何况是公司的领导，面对着那么多下属，被批评总不是什么光彩的事，特别是关乎工作的事，被助理这样一说，显得经理不够敬业和专心。不管从面子上说，还是牵扯个人能力的问题，女助理的话俨然都是一颗"地雷"。

麦子去参加同学聚会，因为路上堵车，她迟到了半个小时。刚一进门，跟她关系熟稔的刘倩就开始数落她："大家都等你呢！让你早点走，你偏不肯，看看现在都几点啦！"麦子堵车在路上的时候就已经心急火燎了，也为自己耽误了大家的时间感到很不好意思，对于刘倩的指责，她也没有多说什么。

饭局刚进行到一半，麦子发现以前一对很要好的恋人，今天并没有坐在一起，就无意间问了一下那个女孩儿。女孩儿告诉她说，她和男友分开了。麦子知道自己又问了不该问的话，心里也不太好过。稍后，那女孩儿去了卫生间，刘倩又趁机指责麦子："你没看他俩现在都没有话了吗？本来她心里就不太高兴，你这么一说，人家去洗手间哭了。"

听着刘倩的指责，麦子心里憋了一团火，可毕竟是来参加同学聚会的，为了照顾大家的情绪，也就忍了下来。不过，这件事之后，她对刘倩的好感降了一大半，虽然离得不远，却很少再联系了。

其实，许多类似这样的情况，原本都是出于善意，只是方式选择错了。静下心来想想：你愿意被人指责吗？尤其是，当你已经意识到了自己的错误，也感觉很不好意思时，却还是被人劈头盖脸地指责一顿，你会有什么感想？

过去的岁月里，我们常听人道："良药苦口利于病，忠言逆耳利于行。"可生活的经验告诉我们，没有人喜欢难以下咽的苦涩味道，也没有人喜欢听锥心刺耳的批评和指责，纵然知道那是对自己有益的，可心理上还是免不了会有一种排斥感和厌恶感。

幸运的是，高明的药剂师后来发明了"糖衣片"，在某些药物的最外层包裹上一层甜甜的糖衣，药物的疗效不变，味道却柔和了许多。聪明的说话者也从中受到了启发：既然药可以裹上糖衣，那么刺耳的批评何不也抹上一点"糖"呢？让硬接触变成软着陆，失去了表面上的锋芒，效果却是一样的，而听的人也会觉得舒服许多。

Miss张进入公司不到两年，就坐上了部门经理的位置。尽管能力出众，可依然有个别的下属对她心有不服，尤其是比她"资历"老的孙洁。

自从Miss张做了部门经理之后，孙洁总是有意无意地迟到。按照公司的规定，迟到半小时就按照旷工一天计算，要扣一半的工资。可孙洁抓住了制度的"漏洞"，每次不多不少就只迟到20多分钟，根本没法按照公司的规定处罚。

Miss张心知肚明是怎么回事，也知道必须要想办法提醒孙洁，否则的话，每个下属都这么做，部门就没法管理了。可她也明白，孙洁对她有意见，要是就这么直截了当地批评她，只会让矛盾越来越深。

周五，趁着午休时间，Miss张特意叫上孙洁一起吃饭。席间，她很随意地问道："最近看你总是来得比较迟，是不是家里有什么事呀？"

孙洁说："没有啊！堵车这个事儿谁也控制不了，再说我也没有违反公司的规定呀！"

Miss张听出了一丝敌意，连忙解释道："我没有别的意思，你不要多心。我记得，你家住在少年宫附近吧？"

"是啊！"孙洁有点疑惑地看着Miss张，不知道她想说什么。

"我家离少年宫也不远，咱们是一个方向。干脆这样，今天下班我开车带你，顺便熟悉一下你在哪儿上下车。以后呢，我每天早上就可以开车带你一起过来，挺方便的。"

孙洁没想到，Miss张热情地请自己吃饭，还提议让自己搭她的顺风车，心里有些过意不去。她喃喃地说："不用了……真的，你是经理，这么做不太合适。"

"瞧你说的，我们是同事啊，这又不是什么大事，帮忙也是应该的。"Miss张的话让孙洁觉得脸上发烫，自己虽然常与她唱反调，可人家不仅没往心里去，还能这么平易近人，实在让她觉得自己过去有些狭隘了。

那天下班时，孙洁谢绝了Miss张开车带她的好意，她心里自然也明白了对方的用意。自那之后，孙洁尽量准时上下班，跟Miss张的关系也缓和了许多，不再像从前那样针锋相对了。

人非圣贤，犯错是再正常不过的事。若紧紧揪着对方的错不放，摆出一副咄咄逼人的架势，不仅会让对方尴尬，还可能招惹怨恨。换种方式，用一颗宽容的心先给予包容，用巧妙而温和的语言让对方意识到自己的错误，远比得理不饶人、对他人的错误穷追猛打要高明得多。

　　女人该明白，说话给别人留余地，保护的不仅仅是别人的面子，也是为自己赢得一份好感。至少，你让他人感受到的不是一副颐指气使的样子，而是一份真心诚意的帮助，面对这样的善意，谁又会不充满感激呢？

教你轻轻松松说出"不"

日本有位教授曾发出过这样的感慨："央求人固然是一件难事，而当别人央求你，你又不得不拒绝的时候，亦是令人头痛万分的难事。因为每一个人都有自尊心，希望得到别人的重视，同时我们也不希望别人不愉快，因而也就难说出拒绝的话了。"

简短的一段话，道出了太多女人的心声。也许是天性使然，心软和善良可谓是女人在人际交往中的"软肋"。面对他人提出的不合理要求，或是自己不愿意接受的事，总是抹不开面子拒绝别人，担心会伤了彼此的情谊；可若不拒绝，为了息事宁人强忍着，又实在委屈了自己。对许多女人来说，遇到需要拒绝别人的事情，简直就成了一场纠结的心病。

细细想来，不敢说"不"的原因，一是怕伤害对方，更重要的是，担心自己拒绝了别人，会不被欢迎。事实上，对于这个问题，女人也许还不清楚，一个不懂得拒绝他人的人，首先对自己就不够尊重，把自己不喜欢、做不来的事应承下来，筋疲力尽之后弄得一塌糊涂，让对方的期待落空，才是破坏彼此关系的大敌。

宋欣是一家公司的编辑助理，有段日子她手头上的工作特别多，偏偏主管又布置了新的编审任务。她心里犹豫着要不要接，可又怕主管说自己没有责任心，就硬着头皮接了下来。那段日子，可把她累坏了，没日没夜的工作，结果交上去的稿子问题还是很多。

除了对主管不敢说"不"以外，对其他人也是一样。经常会有同事让她帮忙打个电话、取个快件；还有朋友在工作时间找她写简短的总结，虽然都不是什么大事，可还是会耽误不少工作时间。慢慢地，她的工作越来越多，自己已经开始疲于应对了，可还是不知道怎么拒绝，生怕突然间拒绝别人会被说闲话。

见她的情绪越来越低落，同住的室友主动询问起原因来，问她是不是工作做得不开心？听闻宋欣说的那些事之后，室友劝慰她说："我以前也和你一样，总担心一次拒绝会让人对自己产生看法，就一直委屈着自己。可后来我发现，那样活着实在太累了，人的精力毕竟是有限的，拒绝再难说出口，但该拒绝的时候还得拒绝。不能因为对方是领导就不敢拒绝，也不能因为对方是同事或朋友就不好意思拒绝。有些时候，只要你把话说得不那么'直接'就好了……"接着，室友又跟宋欣讲了几件自己拒绝别人的事，宋欣的心里顿时豁亮了许多，她终于明白，适当地拒绝别人不是错，不敢说"不"才是最大错。

记得喜剧大师卓别林说过这样一句话："学会说'不'吧，那样你的生活将会好得多。"

坦白说，人的一生都是在不断的拒绝中度过的，无论说话还是做事，有选择就必然会有放弃和拒绝。只是，在面对别人提出的不合理要求时，如果直来直去地拒绝对方，未免会伤及对方的面子，认为你不够尊重他，进而产生不满情绪，严重的话还会让你多一个敌人。所以，拒绝别人时不要太过虚伪生硬，要讲求一些技巧和方法。

对于他人的要求是拒绝还是接受，一定要先表明自己的态度，千万不能暧昧不明，给对方一种期待和幻想。当然，态度坚决不代表语气强硬，毫不客气地对人说"不行"会伤害对方的自尊心，甚至招来怨恨。对别人的要求要洗耳恭听，对自己无法答应的事要表示抱歉，给人留个台阶。之后，说一些关心、同情的话，再讲清楚实际情况，说明无法接受的理由。因为事先说了一些让人产生共鸣的话，对方会更容易相信你所讲述的情况是真实的，也相信你的拒绝是出于无奈，故而给予理解。

一位朋友想请假外出经商，就来找某位医生，希望对方给他开一个肝炎的病历和报告单。医院早已经多次明令禁止这种作假行为，一经查实定会严惩。该医生自然不愿"以身试法"，他就委婉地把自己的难处讲给了朋友听，暗示他如果自己帮了这个忙，就违反了规定，而且会给彼此带来一些不必要的麻烦。最后朋友说："我一时间没想那么多，听你这么一说，我也觉得办法不可行。"

有时候，面对领导或者长辈，女人若直接拒绝对方，可能会引起对方的强烈不满，认为这是"大不敬"的行为，从而导致其他工作不能顺利开展，或者产生家庭矛盾，等等。遇到这种情况，女人不妨采用迂回策略"拐弯"说"不"，把"不"说得委婉一点。比如：把未出口的"不"改成"我尽力"，"我考虑一下再给你电话"等，然后将话题岔开。这样一来，会让对方感到你很给他面子，他也就比较容易接受了。事后，如果对方再仔细考虑的话，也许就意识到自己的要求"太过分了"，并自觉地放弃。

但凡对你提出请求的人，肯定是相信你有解决这个问题的能力，心里抱有很高的期望值。一般来说，越是这样的情况，说话越是要注意。在拒绝对方的要求时，切不可讲太多自己的长处或者过分地夸耀自己，这会在无意中提高对方的期望值，增加拒绝的难度；相反，适当地说说自己的短处，也就降低了对方的期望值，在这一基础上，抓住适当的机会多讲讲其他人的长处，就能把对方的求助目标转移过去。如此，不仅巧妙地拒绝了对方，还能给被拒绝者提供一个解决方法，用意外的成功所带来的愉悦感，消除被拒绝的失望和落寞。

　　不管怎样，拒绝别人时话语一定要温柔缓和，毕竟每个人都有爱面子的心理。所以，在拒绝他人时，要尽可能多地使用敬语，让对方有一种"可能被拒绝"的预感，从而做好被拒绝的心理准备。总而言之，在不伤害他人的情况下婉转地表达出自己的想法，这是每个女人都要学会的交际之道和生活之道。

有些话要拐个弯儿再出口

同样一件事，同样的意思，从不同的女人嘴里说出来，效果也可能大相径庭。这也是为什么，有些女人总能成为受人瞩目的焦点，有些女人却总是被人避而远之，两者的差距在于，一个深谙人心会说话，一个自顾自说、很少考虑别人的感受。

有些话直直白白地说出来，道理虽解释得清楚，可听起来却很刺耳，无意间就会伤害到他人，遇到脾气火爆的人，还可能发生口角，招惹不必要的麻烦。如若换一种委婉的方式来表达，把那些生硬而直接的话间接地说出来，让听者领悟出你"藏"起来的那层意思，不仅给对方留足了面子，还能体现个人的修养和友好的态度。

在一次新闻界的餐会上，一位女政要应邀发表言论。她说："大家都知道，我是个不善言辞的人。小时候，我曾经去拜访过一位农民，我问他：'你的母牛是不是纯种的？'他说不知道；我又问：'这头牛每个星期能挤出多少牛奶？'他也说不知道；最后，他被我问烦了，直接说：'你问的我都不知道，反正这头牛很老实，只要有奶，他都会给你。'"

大家一头雾水，全然不知道女政要讲这个故事想说明什么。这时，女政要笑了笑，话锋一转，对在场的新闻界人士说："我也像那头牛一样老实，只要有新闻，一定都会给大家。"

在那样的特殊场合里，言行稍有不慎，就可能造成严重的社会舆论。幸好，女政要用了一种风趣的方式，绕个弯儿提醒了在座的新闻界朋友，不要一直追着我问，如果我知道什么消息，自然会告诉你们。用故事来隐喻自己想说的话，不失为一种绝妙的说话艺术。

身为普通女人，虽很少有机会出席这样的大场合，也不必像女政要这般谨小慎微，但在说话这件事上，仍然要考虑到他人的合理需求，照顾别人的面子。做人可以直率，说话却不可以太直接，千万不要觉得，绕弯子、兜圈子太浪费时间，记得有位哲人说过一句话："两点之间最短的拒绝并不一定是直线。"平面上，两点之间直线最短，而在现实生活中，更多的时候，却是"曲线"最短。

一辆公交车进站后，一位抱着孩子的女士随着拥挤的人群涌了上来。此时，车上早已经没有了座位，就连站着都显得有些拥挤。售票员对车厢里的乘客们说："哪位同志给这位抱小孩的女士让个座位？"一连喊了几遍，都没有人回应。

售票员知道，继续这样说下去，也没什么意义。她站起来，用期待的目光朝着靠窗口的几位年轻人看去，故意说道："抱小孩的女士，您往里面走走，靠窗户的几位年轻人都想给您让座呢！您先过去。"售票员的话音刚落，靠窗的两三个年轻人都自觉地站了起来，想要给那位女士让座。

抱小孩的女士坐下后，只顾得喘气定神，忘了对向自己让座的年轻人道谢，售票员看得出来，让座的年轻女孩的表情有些不悦。售票员连忙打圆场，逗着女士怀里的小孩说："小朋友，阿姨给你让座了，快谢谢阿姨。"这句话点醒了孩子的妈妈，她连忙拉着孩子说："快，谢谢阿姨。"孩子用稚嫩的声音道了谢，让座的年轻女孩笑着回应："不客气。"

售票员说的话，无非就是希望"让年轻人给抱小孩的乘客让座"、"让抱小孩的乘客向让座的同志道谢"，如果是以命令的口吻去说这样的话，绝不可能达到后来的效果。毕竟，没有人愿意听别人下命令，也没有人愿意当众被人指责不懂礼貌、修养不够。换一种口吻，用暗示的方式来点醒对方，巧妙地向对方发出某种信息，以此来影响对方的心理，让其不自觉地接受一定的意见，改变行为，才是最恰当、最可取的说话之道。

遇到一些意外的情况，特别是直言说出实情会引发激烈的争论或是危险时，更要把握好话语的分寸。千万别小看一句话的力量，它可能让危险一触即发，也可能化干戈为玉帛。

美国20世纪30年代时，正赶上经济大萧条时期，不少人都面临着失业的噩梦。一位17岁的女孩，幸运地找到了一份在一家珠宝店做售货员的工作，对此她很珍惜。

那天，店里来了一位衣衫褴褛的年轻人，满脸愁容，双眼紧紧盯着那些钻石珠宝。突然间，店里的电话铃响了，女孩连忙去接电话，也许是太过慌张了，她不小心碰翻了一个碟子，里面有6枚宝石戒指掉在了地上。女孩连忙低头去捡，结果却只找到了其中的5枚，第6枚怎么也找不见了。这时，女孩留意到，刚刚站在柜台旁边的年轻人正慌张地朝门口走去，她立刻知道是怎么一回事了。

就在年轻人走到门口时，女孩叫住了他："对不起，先生！"

年轻人紧张地看着女孩，问："什么事？"

女孩看着他抽搐的脸，一时间没有说话。年轻人又问："什么事？"

女孩神色黯然地说："先生，这是我的第一份工作。您也知道，现在找一份工作很难，对不对？"年轻人看着她，点头答道："没错，是的。"

女孩说："如果你是我，也会做得很不错！"

终于，年轻人走到女孩面前，将手伸向她，说："我可以祝福你吗？"

女孩也伸出手来，两个人的双手紧握在一起，女孩真诚地说了一句："祝你好运。"

等到年轻人转身走了，女孩走回柜台，把手里握着的第6枚戒指放回了原处。

很显然，这是一桩盗窃案。如果女孩大呼小叫，让所有的人都知道那位年轻人偷了东西，年轻人在情急之下会做出怎样的举动，谁也不知道。说不定，女孩还可能因此受到伤害。聪明的她，用彬彬有礼和寻求理解的暗示，保住了年轻人的尊严和面子，也给了他体面地改正错误的机会。这样的处理办法，显然把对彼此的伤害都降到了最低。

为人处世要尽量与人为善，切忌处处结怨。学会绕个弯儿说话，让人体面地"下台阶"，也是为善的一种。一个女人若懂得处处维护别人的自尊心，在言语上给人留面子，把刺耳的话说得悦耳，生活和工作都会减少许多麻烦。

让你的逐客令多一点儿温度

与知己秉烛夜谈，无疑是人生中的一大乐事和幸事。当年，宋朝词人张孝祥与朋友夜谈之后，忍不住发出这样的感慨："谁知对床语，胜读十年书。"

然而，现实生活中，我们遇到的不总是知己，许多不请自来的"好聊"分子，重复着你不感兴趣的话题，出于礼貌，你在嘴上只好一直敷衍，可心里却很焦急，希望他能识趣一点儿，早些离开，还你一点自由的空间。明眼人感觉到了氛围不对，可能就会起身离开，而那些心思不够细腻、大大咧咧的人，唯有听到"逐客令"，才可能意识到自己打扰了别人。

对于好面子的女人来说，下逐客令俨然就成了一道难题：舍命陪君子吧，实在是浪费时间，毕竟自己还有其他的安排；直截了当地下逐客令，又恐怕伤了彼此的感情，让人觉得自己有点不近人情……遇到这样的事，到底该怎么处理呢？

想要对付这样的客人，最好的办法就是用巧妙的语言，把"逐客令"说得悦耳动听，既不挫伤对方的自尊心，又能让他意识到你可能还有其他重要的事情要做，不能陪他继续闲聊。换言之，就是让你的话别显得那么生冷不近人情，给它加一点温度，让人听起来觉得温和舒服，不刺耳。

最简单的"逐客"之道就是，用委婉地言辞提醒他，你还有其他的事情要做，时间上可能不充裕，不便闲聊。

张小姐是个自由撰稿人，也是一个热情好客之人。邻居家的女主人是个全职太太，习惯每天晚上到张小姐家里来串门，平日不忙的时候，张小姐倒也觉得闲聊坐坐挺有意思，可一到忙了的时候，就有点顾不过来了。

有段时间，张小姐碰巧跟某杂志约了稿，时间上很紧张，只想安静地赶稿。邻居自然不知情，晚上依旧来找张小姐闲聊。张小姐为了保证自己的工作进度，就对邻居说："今天晚上我们好好聊聊，不过从明天开始我就要全力以赴地写稿子了，杂志社的编辑已经在催了，我也实在不好意思再拖延了。"虽未明说，可张小姐的意思很明显，就是希望邻居近期不要来打扰了，她需要专心地工作。

就像我们前面说到的，有些人性格上大大咧咧，对委婉的逐客令可能理解不了。对于这样的人，可以考虑用张贴字样的方式代替说话，纸上写得明明白白，对方自然就知趣了。

陈老师的儿子正读高三，在关键的备考阶段，作为父母肯定都希望给孩子创造一个安静的学习环境。可话又说回来，因为孩子高考就拒绝所有人登门造访，显然也不合情理。为了不打扰孩子的学习，又不至于伤人情面，陈老师在一进门的地方贴上了一张字条：孩子即将参加高考，客人们请多关照。

来家里做客的人，看到这样的字条，也知道陈老师夫妇对孩子的一番苦心。那一年来，如果不是有什么要紧的事，很少有人会一直待在陈老师家里大声闲聊。客人也懂得将心比心，如果是自家的孩子高考，肯定也不希望家里吵吵闹闹，带着一份理解，来客们都很自觉。

鲁迅先生说："无端的空耗别人的时间，无异于谋财害命。"任何一个珍惜时间的人，都不甘心被别人"谋财害命"，可若偏偏遇到了这样的朋友，你对他紧绷着脸，显然也不合适。这时候，你不妨试试"以热代冷"的逐客法。

　　每次闲聊者登门，你不要摆出一副冷若冰霜的样子，要笑脸相迎，沏好香茗一杯，拿出零食、水果，对他客气有加，用接待贵宾的高规格来招待他。时间长了，他自然也就不好意思了，觉得每次登门拜访都要劳你辛苦地招待，而他也不愿意老是以"贵客"自居，日后贸然再来的次数就会少了。

　　通常情况下，喜欢串门闲聊的人，多半是希望用聊天来消磨时间，这样的人没什么大志，也没有什么高雅的兴趣爱好。如果能够用疏导的办法，给他一些有建设性的提议，介绍一些有意思的活动给他，他有事可做了，也就无暇光顾你这里了。

　　在对此类客人进行疏导时，也要考虑到对方的年龄和地位，选择合适的语言。如果是年轻人，你不妨用激励的口吻说："人生短短几十年，多学点东西总没亏吃，有真才实学才有立足之地，有空的时候可以多充实充实自己。"如果是中老年人，可以依据他的具体情况，诱导他培养某种兴趣爱好，比如："现在广场上有不少人在教中老年人学跳舞，既能强身健体，还能丰富退休后的业余生活，有时间的话，您也可以去看看。"一旦对方找到了自己的兴趣爱好，恐怕你请他来他都不会来了。

　　此外，你还可以试试以攻代守的逐客方式，堵住闲聊者的来访之路。比如，对方习惯晚饭后到你家做客，那你不妨提前十分钟主动去他家。这样一来，你就由主人变成了客人，交谈时间的主动权也掌握在了你的手里，随时都可以找借口起身离开。你拜访的次数多了，他就会被你"黏"在自己家了，去你家闲聊的习惯很快会被改变。

　　尽管拒绝别人不是一件容易的事，可为了保证自己正常的生活习惯，该下逐客令的时候一定不要难于启齿。只不过，说话做事之前多思考一下，尽量不给人带来心理上的不悦，保持自己的优雅和风度。这样，既不会让自己的时间被荒废，又能让对方知趣而退。

说服别人一定要用心动情

人与人之间的沟通交流，实际上就是情感的交流和心灵的碰撞。但因为彼此生长环境不同，所处的立场和境遇也不一样，对很多事的看法难免存在分歧，想要别人赞同自己的观点，或是按照自己的主观意愿去行事，实属不易。这就好比，你可以把马牵到河边，但你永远无法强迫它喝水，我们很难用强迫性的举动，说服别人站在自己这边。

王琳是一家工程公司的安全检查员。工地上的女同志本来就不多，有时候遇到需要沟通协调的事，王琳总是一筹莫展。看着有些男同志在办事时事先递上一根烟，说着说着就跟对方找到了共同话题，可作为女同志，想跟工人们拉近关系，顺带提点意见，就没那么容易了。

公司一向重视工人的安全问题，之前也出现过个别工人因为没戴安全帽而被坠落的物体砸伤的事件，给公司带来了不少麻烦。为了防微杜渐，公司几乎每周都会派王琳到工地检查。起初，王琳看到那些没戴安全帽的工人时，总是劈头盖脸地批评一通，工人当时听了，可事后还是拿她的话当耳旁风。遇到性格古怪的，还用家乡话指责辱骂王琳。

时间长了，王琳也意识到了这个办法行不通。她决定，换一种方式跟工人谈谈。

那天，她看见几个没有戴安全帽的工人，先是微笑着跟对方打了招呼，后又问道："是不是安全帽戴在头上不舒服？大小不合适吗？"工人见她的态度热情，也就说了实话，说天气有点热，戴着觉得麻烦。

王琳会意地点了点头，一反常态地跟工人唠起了家常，问问他们老家在哪儿？家里都有什么人？之后，又缓缓地切入正题："出门在外工作，背井离乡的，确实不容易。现在天气是很热，可是在工地上班时，我希望大家还是戴上安全帽，这万一要是从上面坠落点什么东西，安全帽很有可能就是保命的武器。你们可都是家里的顶梁柱，公司希望大家在外都能平平安安的，为了你们自己的安全，也为了家里的老小，大家最好还是戴上安全帽吧！也许是热一点，可这总比拿生命冒险要好，是不是？"

大伙儿听了王琳的话，觉得她说的处处是理，尤其是讲到了家里的老小，许多人心里自然涌起了一份对家人的责任感。自那以后，工友们之间也会互相提醒。事实证明，王琳的这招"以情动人"收到了不错的效果。

说服不同于征服，征服也许需要你口若悬河地操纵人们，而说服是要别人真正从心底认同你的想法和观点。基于这一点，在说服他人时，表情和语调就成了关键点。你的面部表情、你的说话声音，暴露着你内心的态度，是同情和关心，还是愤怒和排斥，听者是可以透过音容笑貌感受到的，你一脸的鄙夷，摆出颐指气使的样子，恐怕没有任何人会认同你、喜欢你。

话说回来，人非草木，孰能无情？当强迫的办法行不通时，女人就该学会以情动人，用语言触碰对方心灵最敏感、最脆弱的部分，冲破对方的感情闸门，即便是再固执的人，也难以抵挡情感的力量。

我们时常会看到，警察在处理一些刑事案件时，往往也用会动情的说辞触动犯罪分子心中最柔软的一面，唤醒他们的良知，进而承认他们的犯罪事实。其实，这也是一种心理战术，因为人在与说服对象较量时，彼此都会产生一种心理防范，特别是在危急时刻。此时，想要说服成功，就得消除对方的防范心理，反复给予暗示，表示自己是朋友不是敌人，是为了帮助他而不是操纵他。生活中，的确有女人利用这一点，在关键时刻说服了他人，保护了自己。

曾经，一名出租车女司机把一名男乘客送到指定地点后，不料对方却拿出了尖刀，要实施抢劫。当时，女司机很镇定，没有大呼小叫，而是表现出一副很无辜的样子，交给了歹徒300块钱，还说道："今天就挣了这么点儿，要是嫌少的话，我把零钱也给你。"说完之后，从兜里掏出20块钱的零用钱。

看到女司机这么爽快，歹徒有点出乎意料。女司机趁势说："你家住哪儿？我送你回去吧！这么晚了，家里人肯定也等着急了。"见女司机并未反抗，歹徒稍稍放松了警惕，把刀收了起来，让女司机把他送到火车站。

路上，女司机见气氛缓和，不失时机地启发歹徒："其实，我家里原来也挺困难的，咱又没什么文化和技术，后来就跟人家学开车，干起了这一行。虽然挣的钱不多，可日子过得也不错，至少是自食其力，穷点儿谁还能笑话我呢！"歹徒一声不吭，女司机继续说："唉，七尺男儿，干点啥都差不了，走上这条路一辈子就毁了。"

到了火车站，见歹徒要下车，女司机又说："我的钱就算帮助你的，用它干点正经事，以后再别做这种事了，父母知道了会寒心的。"一直不说话的歹徒，听完这番话之后，顿时忍不住哭了，把300块钱往女司机手里一塞，说："姐，以后打死我都不干这事了。"说完，就低着头走了。

有一句格言说："人的心和降落伞一样，必须是开的才有用。"

这句话用在说服别人这件事上时，同样适用。你若不懂得触碰对方内心最柔软的一面，只想一味地在言辞上占优势，往往都会碰壁。女人在说服别人时，一定要用情感作为铺垫，让听者体会到一种亲近感和认同感，一旦建立了这种感情共鸣，你无须再苦口婆心的劝诫，对方也会乐意听取你的意见。

不要强硬地命令任何人

某女士遇事想请朋友帮忙，鉴于彼此关系很熟，所以说话也不客气，她直接用命令的语气吩咐朋友去做。朋友听了之后，虽然嘴上勉强应承了下来，可心里却很不是滋味，心里嘀咕道："就算是朋友，也不该这么不客气吧？我又不欠你什么，帮你做事却连一句好话都讨不到，难道我就活该听你使唤？"

朋友心中怒火难消，就一直拖着不给某女士办事，结果耽误了时间，没能办成。某女士因为误了事，心里很不舒服，埋怨朋友忘性大、不靠谱。此时，朋友对某女士已经无话可说，觉得她从来就不知道什么叫作尊重人，不宜深交。渐渐地，他就疏远了某女士。久而久之，两个人还闹起了意见，最后竟成了陌路。

生活中，类似这样的事，绝非罕见。

Tina是一家广告公司的前台，性格开朗，为人随和，在公司待了三年，一直都跟同事相处得不错。可最近，她却总是跟新上任的企划经理艾达"闹情绪"。

那天，一位重要的客户来公司约谈合作的事。Tina和平时一样，正准备去给客人沏茶，艾达却突然摆出一副命令的姿态，冲着Tina说："你还不赶紧去倒水？"Tina心里很生气，随口说道："我急着去洗手间，你先让别人去吧。"

周围同事都看得出，Tina并不是故意针对艾达，她只是受不了艾达每次说话时的态度，心里愤愤不平："就算你是企划经理，我是前台，那又如何？彼此间就不该有尊重了吗？就算你的提议是对的，那就不能换一种语气说话吗？为什么非要弄得我像'仆人'、你像'主子'一样？在公司里是有上下级关系，可是走出公司，我跟你没什么两样！"

其实，艾达完全可以友善地说一句"麻烦你帮客人倒杯水"，温婉柔和，听起来也让人觉得舒服。可她身为上司，用粗暴的态度对下属说话，还想得到下属的合作，显然是不可能的。在尖锐对峙的情况下，没有人能够说服对方，因为不管是谁，处在什么位置，都不愿意听到别人用命令或强迫的语气跟自己说话。

也许有些女人会说，这不过是礼貌上的问题。事实上，这真的不仅仅是礼貌的问题，从听者的角度来看，有人用这种发号施令般的方式对自己说话，无疑就是在摆出了一副高高在上、唯我独尊的架势，根本没有发自内心地去尊重自己。从听到对方命令的那一刻起，心里就充满了抵触和反感情绪，有了这样的负面情绪，再谈什么都是枉然。

有人说过："用建议来替代指使，可以令人信服；用请求替代指使，可以令人高兴地执行；用商量替代指使，会有人主动请缨；用赞美替代指使，对方会用行动证明你是对的。"既然有这么多的方式可以让你达到预期的目的，为何偏偏要强硬地命令别人？

再换位思考一下：你愿意听从别人的指使吗？你喜欢别人告诉你应该怎么想、怎么做吗？记住那句话："己所不欲，勿施于人。"

美国著名的传记作家伊达•泰波尔小姐，在写扬•欧文的传记时，曾经访问过一位和扬•欧文在同一间办公室工作了3年的同事。那位同事告诉泰波尔小姐，他与扬•欧文相处那么长的时间，从来没有听到过扬•欧文对任何人下达过直接的命令，他总是用建议别人做什么，而非强硬地命令。

他说："扬•欧文几乎从未说过'去做这个，去做那个'或者'别这样做，别那样做'，他总是说'你可以考虑这个'或者'你以为那样合适吗？'当他口述一封信后，他总是会说'你认为如何？'在看完助手写的报告后，他常常会说'也许这样措辞会更好一点'。"

把命令变成建议，不仅可以维持一个人的自尊，给他人一种自重感，还能够消除对立的情绪，让对方更乐意合作。人人都是平等的，不要以为自己比他人聪明，地位比别人高，就算真的如此，但在人格与人性上，彼此也都是平等的。试着把自己放在一个与人平等的台阶上，用商量的语气与人交流，很多时候都可以心平气和、圆圆满满地解决问题。

陆青是一家小厂的生产主任，多年来一直尽职尽责，跟工人的关系也不错，可谓是深受工人爱戴的中层领导。这一切，靠的是她出色的工作能力，还有那副不折不扣的好口才。

那次，厂里接到了一份大订单。对于效益一般的小工厂来说，能接到这么一大笔生意，无疑是千载难逢的好机会，如果做好了，对厂里的信誉、未来的发展，都将是一个转折点。可陆青也知道，按照客户的要求，他们很难按期交货。虽然工作已经在厂里排定好了，但时间上确实有点太仓促。

不过，陆青没有催促工人加班加点来赶订单，她换了一种更人性化的方式：把大家召集在一起，向工人们解释了当前的情形，也坦白地告诉他们，如果能够按时完成这份订单，对他们和厂里意味着什么。

没想到，厂里的工人反响很激烈，不少人主动问："有什么方法能按时完成这份订单？""可不可以调整一下工作时间和工作分配？"一时间，大家都开始想办法，并坚持让陆青接下这份订单。

工人们提出的意见，其实有不少想法都跟陆青不谋而合，但不一样的是，这些意见是他们主动提出来的，而不是陆青强加的。陆青知道，如果是自己直接下达加班的命令，定会引起反感，而现在的工人们是积极主动的，状态俨然不一样。最终，厂里按时完成了这笔大订单，收益匪浅。

为人处世的基本原则，就是懂得尊重别人，你敬人一尺，别人自会敬你一丈。女人在说话做事上，一定要尊重别人的人格尊严，收起命令的语气和高高在上的姿态，用委婉和善的言辞来提议，不仅让别人听得舒服，容易接受，也能从中显现出自己的品德与修养。

第九章
智言妙语的玫瑰，才可以常开不败

　　身在职场，想要如鱼得水、游刃有余，就要做一朵智言妙语的玫瑰，知道该用什么样的态度与人说话，知道什么话可以说，什么话坚决不能说。深谙这些说话的潜规则，才能平步青云，受人喜欢。

舌吐芬芳才能玩转职场

从服装学院毕业后，乔娜顺利地进入了一家设计公司。公司对乔娜的能力很满意，尤其是她在设计方面的天赋，更是令人惊叹。可即便如此，乔娜的职场路走得并不顺利，才过了试用期，主管就辞退了她。

乔娜性子火爆，非要主管给她一个理由。主管很无奈，说道："很抱歉，虽然你的工作能力和表现，大家有目共睹。可你应该知道，我们是一个团队，不是个人作战。公司不仅需要一个设计天才，还需要一个优秀的设计团队。你影响了公司团队的整体性，统筹全局，我只能做出这样的决定。"

原来，乔娜在公司上班期间，与同事相处得很糟糕。虽然她是个新人，可依仗着自己的工作能力，总是摆出一脸不屑的样子。每次同事之间进行工作沟通，她就用居高临下的语气说话，全然把自己当成了主管，根本不理会别人的感受。工作上有分歧本是常事，可乔娜非要别人同意自己的观点，如若有反对声，她就不依不饶，咄咄逼人。之后，不少人跟主管反映，无法跟乔娜合作，甚至提出要辞职。为了保全大局，主管也只能选择辞退乔娜，保留现在的团队。

现代职场上流传着这样一句话："是人才不一定有口才，但是有口才的一定是人才。"乔娜是个设计人才，可因为不会说话，弄得人际关系一塌糊涂，最后还丢了工作。可见，对于职场女人来说，会不会说话直接影响到自身事业的发展。

与乔娜相比，那些舌绽莲花，用嘴就能打动人心的女人，也许能力上不是最优等的，可是靠着一张巧嘴，一副亲和的面孔，她们在事业上的发展之路，往往会顺当很多。

办公室里人多嘴杂，涉及利益问题容易滋生是非，一定要谨言慎行。这条潜规则，是王慧在初入职场时，表姐千叮咛万嘱咐的。所以，刚到公司时的王慧就像是一只胆怯的小鹿，唯唯诺诺不敢多说话，生怕一不留神说错了话，得罪了人。

然而，时间长了，王慧发现自己似乎被孤立了。办公室里的同事对她很冷淡，别人有说有笑的，只有自己插不上嘴。每天在压抑的环境里工作，王慧心里很不舒服，她很不喜欢这种一直被视为"外人"的感觉。更让她郁闷的是，来公司半年多了，她就是一个可有可无的小职员，似乎随便来一个新人就能把她顶替，这种危机感更让她萌生了一种想要改变的决心。

王慧本身不善言谈，可是半年来在公司里耳濡目染，她总结出一条规律：想要在事业上有所发展，仅仅会做事还不够，还得会说话。至少，你做了什么得让人知道，闷头拉车的老黄牛，永远不会成为众人喜欢的对象。

为了改变自己的个性，她参加了一个口才训练班，不知情的朋友嘲笑她："你还不如拿着钱去美容呢！说话还需要学吗？"王慧笑而不语，她相信自己的投入不会石沉大海。

转变不是一蹴而就的，可在循序渐进中，王慧已经欣喜地感受到了自己从内至外的变化。每天早上起床后，她都会告诉自己，要开心，要阳光，要用口才成为征服别人的资本。她不再像以前那样上班下班冷言冷语，麻木的只剩下躯壳。在公司里，她会试着跟见到的每一个人热情地打招呼。

吴秘书脸上的表情仿佛永远是阴云，王慧落落大方地笑着打招呼："早上好，吴秘书，今天更漂亮了。"吴秘书也淡淡地开口道："彼此彼此。"王慧马上补充说道："还是吴秘书略胜一筹，若是再多笑一笑，就更加迷人了。"吴秘书开心地离去了，嘴角微微上扬。博得冷美人一笑，王慧的心里不由得涌起了一股成就感。

采购的小李是个帅气的小伙子，总是一副风风火火的样子。有事要向小李请教时，王慧总是微笑着先夸奖对方一番："小李哥，最近又帅气啦！"小李是个爱美的小伙子，平时最爱别人夸赞自己的外表，尤其是喜欢女人对他的追捧。听到王慧的"甜言蜜语"，追问道："是吗？我怎么没有发现呢，跟以前有什么变化吗？"

王慧趁机请教自己的疑惑，说："你先帮我解决掉这个问题，我就告诉你。"之后，转身跟小李开个玩笑，说："你的头发又长了，哈哈。"小李摇摇头，说："你什么时候也变得这么油嘴滑舌了？"话虽这么说，可他心里并不反感，而是觉得王慧比从前好相处了。

不只是同事，就连扫地的阿姨都喜欢王慧。王慧从不会冷冷地对阿姨说哪里需要打扫，哪里需要注意，她会温柔地提醒阿姨："别让自己太累了，我可以帮忙把某某地方打扫干净。"阿姨知道王慧很忙，也不会让她帮忙，可她的热情却让阿姨很感动，经常跟公司的领导说："王慧这姑娘不错，做事勤快，还知道心疼人。"

这样的声音听的多了，领导也开始留意王慧的言行举止。事实证明，她确实在工作上很主动，而且跟周围同事的关系也很好，说话做事都很稳妥。待公司有内部提拔的机会时，领导第一时间把王慧的名字列在了候选人的名单上。

石油大王洛克菲勒说过这样一番话："如果人际沟通能力也是一种商

品，就像糖和咖啡一样，那么无论付出多么昂贵的价格，我都会去获取这种能力。"著名的演讲家汤姆士也曾说过："能言善辩的人，往往受人尊敬，受人爱戴，得人拥护。"

在职场中，轻蔑粗鲁使人感到受侮辱，骄横孤傲遭人鄙视，粗暴焦虑使人反感，唯独"甜言蜜语"最能打动人心。然而，会说话并不等同于阿谀奉承，它体现的是一种尊重、一种礼貌、一种智慧。这个世界其实就是心的世界，当女人学会用"甜言蜜语"温暖别人时，就会少碰壁，少走弯路，即使偶遇风浪，也会有人助你渡过难关。

用温和之言替代高声反驳

世上没有完全相同的两片树叶，也没有完全相同的两种意识，人与人不同的思想意识，构成了五彩缤纷的世界。同时，也因为个人思想、立场不同，不可能永远保持一致，总会出现意见相左的情形，也会出现误会与争执。这些都是不可避免的事，关键在于遇到这样的问题时，女人该用怎样的态度和方式来应对？

每周一下午的公司例会，几乎是最让策划部头疼的事。按理说，上报选题来讨论，本是正常的工作流程，大家各抒己见，也是必然之事。可问题是，公司里有两个女同事，每次讨论问题就像是在"吵架"，针锋相对，只觉得自己的选题好，而把对方的选题贬得一塌糊涂。若是两个人对峙也就罢了，对其他同事的选题也一样随意抨击，嗓门儿声调特别高，容不得别人解释，似乎只有她的见解是对的。

后来，每次开选题会时，轮到那两位极品女同事的选题时，大家基本上都不讨论了，直接投给"通过"一票。倒不是多欣赏她们的才，而是懒得与之争论。同事都觉得，一个选题好不好，是否可行，公司的领导也会斟酌；再不然还有读者呢，他们是最有权力评判的人。

现实和真相，从不会因为谁的声调高就偏向谁。几期内容刊登后，极品女同事的多个选题纷纷遭到"吐槽"，网友称其"无聊"、"庸俗"，众说纷纭。再到选题会上，极品女同事还极力地拔高声调否定别人，殊不知她的自以为是已经被领导看进了眼里，记在了心里。

终于有一次，听到她高声反驳同事时，领导忍不住说话了："咱们讨论选题的目的，是为了选出好的内容，增加网站的点击量，我希望大家都本着这一个目标来工作。很多时候，个人意见不能说明问题，只是作为参考，我鼓励每个人都说说自己的看法，但前提是一定要心平气和，不要一开会就弄得像上了法庭一样。"

领导没有点名道姓的指责谁，可大家都听得出是在说谁。毕竟，在座的都是同事，平起平坐，领导还在一旁，极品女同事摆出一副唯我独尊的架势，俨然是有点不知深浅了。

高声反驳别人，永远换不来认可。你在愤怒之中，对别人发作一阵，你心里可能觉得痛快了，可别人呢？你那挑衅的语气、生硬的态度，会让人赞同你、信服你吗？若能心平气和地听别人把话说完，再用温和的语气进行客观分析，别人也不会固执己见。唯有营造和谐、舒适的谈话氛围，才能讨论出好的结果，也不至于因言语过激而得罪人。

更何况，每个人都有保护自己的想法和自尊心的意识，当别人提出不同意见时，人们都会不自觉地想要自卫。这也是为什么，我们一直强调给别人提意见的时候不要用生硬的语气，这很容易激怒对方，僵化彼此的关系。若是柔声细语地说出自己的看法，就算对方不认同，至少也不会表现出激烈的反对，如此一来，争论就变成了和谐的讨论。

周然和白帆是同一批进入公司的职员，两人担任的职务都是市场部助理。因为年龄相仿，都没什么社会经历，彼此间的共鸣比较多，一来二往就有了不错的交情。虽说私交不错，可她们在公司里给人留下的印象，截然不同。

周然毕业于某著名的财经大学，家境也不错，骨子里透出一股优越感。相比之下，白帆就是一个普通大学的毕业生，独自在这个城市打拼，虽然工作上也很努力，但比起略微见过一些世面、出身名校的周然来说，还是差了那么一点。正因为此，周然的优越感又加重了一层，她觉得，白帆跟自己一起工作，是天赐的"机遇"。一起共事讨论时，周然动不动就对白帆指指点点，说话也喜欢摆谱，尤其是当着经理的面儿，她更喜欢凸显自己的能干。

白帆是个自尊心很强的姑娘，周然的种种举动让她心里很憋屈，可她从来不表现出来，总是笑脸相迎，做好自己该做的事。有些同事看不惯，说白帆性格好，周然太狂傲。恰好公司有一个出国深造的机会，周然本以为这机会非自己莫属了，没想到大家却一致推选了白帆。

不得不说，和肤浅狂傲的周然相比，白帆这样的女孩更容易走得长远。至少，她懂得人情世故，懂得收敛自己的脾气，用一种温和的方式悄无声息地证明自己的能力。要知道，做好一件事，让大家看到你的好，远比高声炫耀自己实用得多。

职场毕竟不同于象牙塔，工作能力、交际能力、处事能力如何，很快就能在众人面前见分晓。尤其是在说话的问题上，最怕的就是针锋相对、高声反驳，试图用对抗的方式证明自己的价值，这样的女人，只会给人留下缺乏修养的浅薄印象。

想做一朵常开不败的铿锵玫瑰，就要沉得住气，控制住脾气，遇到问题时多用柔和的方式去解决。别以为声调比人高、言辞比人尖锐，就能占据上风。要知道，温和从容，善解人意，才是赢得人心的不变之道。

职场里不需要快言快语

　　贾宝玉说，女人是水做的。于是，可温柔可刚硬，就成了女人与生俱来的一种特质。然而，对于何时该温柔、何时该强硬，并不是所有女人都明白的。

　　见过一些事业上比较成功的女性，在长久的工作中磨炼出了一种雷厉风行的行事作风，直言快语也成了性格中的一部分。她们确实有着常人难以企及的忍耐力和意志力，能够在职场中脱颖而出，也付出了诸多的努力。只是，她们在做人做事上未免有点"太直接"，少了一份女性的温婉，让人觉得有点冷漠和不近人情。

　　近期热播的电视剧《辣妈正传》里，就有一位极品的女上司——李木子。她是一位工作能力超强且个性鲜明的时尚女主编，在公司里摆出的架势绝不亚于《穿普拉达的女王》里的米兰达。尽管她在剧末已经完全扭转了角色的风格，但她最初在杂志社对女下属说话的姿态，却总是令人难忘。

　　她会当众指责女下属穿衣很"老土"，就算是面对穿着打扮颇令她满意的女下属，也不忘嘲笑对方只是一个小前台，赚的钱不多；她当着全公司的人，指责孕妇变"傻"了，做事效率低……所有的言行都是很直接，虽然看起来很坦荡，可总是让周围的人下不来台。

　　李木子的快人快语出现在荧幕上，多了一点喜剧的色彩，还被下属们私下称为"李莫愁"。可若置身于现实，遇到这样的女上司，恐怕没有人受得了，也没有人笑得出来。

职场是个特殊的地方，女人不管处于怎样的位置，都必须三思后才能开口。有些话，直说未必能够表达清楚自己的本意，有时候婉转一些，同样能达到预期的效果，而且委婉的语言既不锋利也不生硬，多了一份柔和的美，更容易令人接受。

一次新闻发布会上，记者们追问一位女企业家的成功秘诀，当她开始讲述自己的努力与辛勤付出时，记者们并不愿意听。他们追问一些关于"天才儿童"这样的话题，女企业家坦言，自己从来没有过那样的经历，所有的成功都是自己一步一个脚印走出来的。不过，这样的答案似乎并不能让记者们满意，看架势也不打算放过这位腰缠万贯的女人。

记者不停地追问，期待她能有令他们满意的回答。这时，女企业家的秘书对记者宣布说："抱歉各位，该说的都已经结束了，各位记者请回吧！"台下一片哗然，大家议论纷纷，甚至有人公开站出来批评女企业家的架子太大。

女企业家请大家安静下来，称自己有话要说。稍微停顿了几秒钟后，女企业缓缓地讲起了一个故事："小时候，我在后院种了一棵向日葵，总是不停地追问母亲什么时候能够开花？母亲就说，向日葵需要喝很多水，如果你每天都给它浇水的话，等到她喝饱了就会开花了。于是，我就给她浇很多的水，希望它能够一天就开花。母亲看到后告诉我，向日葵和人一样，如果你一下子浇太多水，它就会被撑死的。后来，我就慢慢地浇，每天都去浇水，不知不觉间向日葵就结了花盘，又过了不久就开花结籽了。如果你们要问我有什么成功的秘诀，那就是你每天不停地努力，终有一天，你也会收获同样的回报。"

女企业家的话语刚落下，台下传来一阵热烈的掌声。秘书的快言快语没能得到记者的谅解，反而招来了不满和批评，关键的时刻，女企业家用温和的语态，诚恳的表述，赢得了众人的尊重。可见，身在职场中，处理一些问题时，快言快语都不是一个好的选择。

方芳和她的名字一样，做人做事总是有棱有角。初入职场的她，一时间难以改掉自己直言快语的脾气，为此常常碰壁。

她去请教同事关于发票的事，开口就说："你知道怎么开发票吗？教我一下。"同事心里虽不高兴，可还是告诉了她如何办理手续，有哪些需要注意的地方。请教完毕，她不仅没道谢，反倒说了一句："哎呀，下次你最好说得简单点吧，说这么多，一时间还真难记。"同事听后觉得这话很别扭，好心好意告诉你，竟像是欠了你什么一样。

方芳没意识到自己的直言快语会有什么麻烦，也没有发觉同事不愿跟她讲话，嫌她说话太尖锐。她心里反倒一直埋怨，说同事不好相处，个个都很挑剔。直到那次约见客户，她才知道自己在说话上存在着多么大的"问题"。

那是一位重要的客户，在商议合作的过程中，各项谈判基本上顺利，只剩下一些需要额外注意的事项。对方提出要求，两方各保留一份文件附件，用于修改额外需要协商的条件。原本，这对两方的合作并没有什么太大的影响，对方也只是提出意见备用而已，方芳则认为没有太大的必要，就直言说道："没什么关系，我方是很讲究诚信的，就算不成功，也不会是我们的责任。如果你们认为非要另立一份附件，我们也没有意见。"

没想到，对方听完这番话，脸色立刻变了，说要解除合作。方芳追问原因，对方气愤地答道："你的意思是如果出现问题，完全归咎于我们，这摆明了你们公司对合作伙伴不信任，我认为我们没有必要再合作下去，更别提什么友好了。"

方芳连忙解释："我的意思是说，我们公司很讲究诚信，与我们合作会……"话还没说完，对方就转身走了。失去了这位重要客户，给公司造成了巨大的损失，可想而知，方芳在公司的日子也不会太好过了。

说话太过直接的女人，最容易在职场碰钉子，吃大亏。职场虽不是战场，不会夺人性命，却可能会因为一时的疏忽令人"无处可归"。聪明的女人，要学会温婉、学会融合、学会变通，让自己说出的话像柔软的清风一样，令人感受清爽。气氛对了，工作和人际关系自然也会跟着变得顺当了。

工作时间避免与人闲谈

没有谁会喜欢一个"死气沉沉"的女人，说话聊天一板一眼，没有一丝灵气，就算是在职场这样的特殊环境里，大家似乎也更青睐于那些会说话、会调节气氛的女人。上班本是一件辛苦的事，承受着巨大的压力，若能在适当的时候说两句题外话幽默一把，不仅能缓解疲惫的神经，还能让办公室里的气氛变得活跃，融洽同事间的关系，增进感情。

只不过，凡事有度，过犹不及。职场毕竟是工作的场所，如果闲话说得太多，把公司当成了娱乐场所，把同事当成了聊天的对象，就可能会给自己或别人带来麻烦。

梦晓是一家公司的统计员，性格活泼开朗，工作能力也很强。认真工作起来，她的麻利劲儿很让同事有压力，同样一件事，别人花上半天的功夫，她通常3个小时就能搞定。三个月的试用期里，领导也发现了她是个可造之材，想着日后着力培养她。

许多人往往都有类似的感受：在不熟悉的工作环境里，除了工作似乎也没什么其他的事可做了，一旦跟周围人打成一片了，话题也就多了。外向的梦晓自然不是那种只知道闷头干活的人，试用期过后，她已经跟同事很熟悉了，说话的频率比刚入职时高了许多，说话的内容也从单一的工作拓展到了生活、美容、情感等方面。

公司里有两三个年轻的女孩，跟梦晓很谈得来。起初，她们就在午饭时间里，聊聊自己听到或看到的事，从偶像剧到穿衣打扮，从娱乐八卦到自己的情感生活。有时候，在休息时间里聊得意犹未尽，索性就占用工作时间继续聊。好几次，领导看到她们在那儿叽叽喳喳地说，碍于面子只是看了她们几眼，什么也没说，希望她们能自觉。

网络几乎是每个公司都不可少的办公设备，有网络就少不了有人上网闲逛、闲聊。梦晓和同事建了一个群，办公室里鸦雀无声时，只能听见噼里啪啦的键盘声。不知情的人，以为她在忙着工作，可走近一看就会发现，屏幕上是QQ的对话窗。她觉得自己工作能力强，就算平时跟同事聊聊天、看会儿网页，也不会耽误太多。可她忘了，不是所有人都跟她一样，也不是所有人都能随时从聊天的情境中抽身而去，马上投入工作。

那天，恰好同事在感情上遇到了麻烦，正在办公室里悄悄地向梦晓诉苦，情绪非常激动。没想到，这时候领导突然进来了。原本，同事看到领导的造访就有点紧张，可偏偏这时候客户又打来电话。同事的情绪还没缓过来，说话还带着哭音，根本无法立刻集中精神，大脑一片空白。客户在电话那边一个劲儿地催问具体的数据，手忙脚乱的同事在电脑上乱翻，越着急越找不到。客户听她支支吾吾的样子，索性挂了电话，说等她找到了再回复给他。

这一幕，领导尽收眼底。他没好气地把同事叫到了办公室，虽然隔着一个房间，可还是能听见领导发脾气的声音。梦晓隐隐约约地听见，领导说同事以前工作挺认真的，最近不仅干活慢，还经常出错，根本不在状态。从领导办公室走出来之后，同事一脸的沮丧，加上感情上的创伤，精神上根本接受不了，回到工位上就傻傻地坐着，只顾着掉眼泪。

看到同事这样，梦晓心里萌生了一股内疚感。领导虽未直接批评她，可言辞之间多少也透露出了一点想法：同事原来工作挺认真的，而最近领导经常看见自己和梦晓闲聊，也就是自己的工作上暂时没出什么纰漏，领导无话可说，可他今天批了同事一通，分明就是"杀鸡儆猴"，警告自己和其他人。

此事之后，梦晓安慰了同事几句，她也没有说太多，怕引起对方的反感。只是，她在心里长了记性：上班时间不管是窃窃私语，还是网上闲聊，都不是什么好事。就算自己觉得没什么影响，可有时会间接影响别人。更何况，领导的眼睛每天都看着呢，谁做了什么，他心里有数，自己若还想继续干下去，在公司里有所发展，闲谈题外话自然就得早点从日程里剔除。

能言会道、善解人意，这些品质用在合适的地方，绝对可以成为女人绝佳的优势，可若用错了地方，把能言会道用在闲聊上，把善解人意用在分享同事的情感和隐私上，那未免有点不知轻重了。

别忘了，职场是一个风云变幻的场所，人心难测，闲聊的题外话很可能瞬间就传到其他同事耳朵里，或者传到领导那里。到时候，就算不是你的责任，闲言碎语也会将你缠身。再说，职场是彰显能力、凸现价值、换得利益的平台，没有足够的时间和空间提供给个人用来八卦闲聊、诉诸情感，它时刻处在你争我赶的激烈竞争中，你若停驻不前，自会有人将你替代，残酷的现实就是如此。

工作时间不要闲谈，但在工作间歇可以稍稍放松，只是在办公室里，有很多话题都是禁忌，女人最好牢记于心，不要触碰这条底线。

少谈及个人危机、婚恋、婆媳关系等话题，能不说尽量不说。要知道，没有领导愿意任用一个"家庭不稳定"的员工，虽然这些话题听起来似乎跟工作无关，可它必定会影响人的情绪，有哪个领导会放心把工作交给一个情绪不稳定的人？

少炫耀自己的财富和才华，保持低调。不少女同事凑在一起，就喜欢聊名牌、聊出国游、晒幸福，殊不知，得意忘形、喜欢炫耀，可能会引来嫉妒和算计。再说，炫耀本身也是一种心智不成熟的表现，藏不住话的女人，给人的感觉是轻浮的，领导绝不会重用这样的下属。

少讲一些无聊的笑话。幽默风趣自然讨人喜欢，可如果总在办公室里讲一些无聊的笑话，就会被领导认为是缺乏自信和能力，只能用这样的"小伎俩"来吸引别人的注意力。如果再是个冷笑话，更会让人觉得是没话找话。

少谈论自己的未来规划。在职场里与同事谈人生、谈理想，怎么看都是一件滑稽的事。尤其是职场的女新秀，千万不要说类似"我以后要自己创业"这样的话。要知道，不是所有人都欣赏你的野心和勇气，既然在公司上班，那么你的价值就是为公司做更多的事，而不是有多大的理想。就算你真的有那样的想法，干了也不能说出来。

职场女人，管得住自己的嘴，才能守得住未来。

低调让功，别跟上司抢风头

付岩怎么也没想到，自己在业务上犯了重大错误时，上司竟然愿意为她扛住责任；可在她工作蒸蒸日上、正要平步青云的时候，上司却无情地将她"扫地出门"。

一年前，付岩被A公司从外资企业挖了墙脚，到A公司担任市场总监。刚进公司时，就有人提醒她，这里跟外企的文化不一样，人事关系很复杂，一定要摸清上司的底线和喜好，以便日后长期发展。付岩是个直性子，没把这些话当回事。

因为付岩能力出众，董事会和总经理对她都很重视。很快，她就成了公司里很有影响力的人物，尽管职位是总监，可在很多方面，她已经跟公司的副总平起平坐了。

总经理屡屡在公开场合表态支持付岩，这给了她莫大的鼓舞和信心。接下来的半年里，付岩进行了许多市场革新，取得过一些成绩，也因为一意孤行而失败过，公司里不少人都有怨言，唯独总经理一直很信任她。

自信不代表一定能成功。付岩试图在短期内进行全盘调整，结果使得公司损失惨重。董事会把公司所有的高管都训斥了一通，让付岩没想到的是，总经理竟然把所有的失误都揽在了自己身上，替她扛过了这一关。

总经理的宽容，让付岩产生了一种亲近感。到了年底，她因为策略制定得好，公司取得了显赫的业绩。在庆功宴上，付岩盛装出席，酒酣耳热之际，竟然当着一些下属的面儿说："我这个人就是好强，走到哪儿都要成为顶梁柱，要是我升职了，肯定还能做得更好……"

许多人都附和着她，谄媚之态更是让付岩有一种飘飘然的感觉。这一幕，总经理全都看在眼里，当时的脸色很难看。

一个月之后，在公司例会上，总经理第一次不留情面地训斥了付岩。三个月后，总经理又找了一个冠冕堂皇的理由，让付岩"体面"地离开了公司。

上司为付岩扛下了责任，虚怀若谷地替她顶罪，从侧面说明了上司不是没有担当的人。可即便是遇到这样开明的上司，也不能事事无所顾忌。努力表现自己，证明自己的能力，本是无可厚非之事，可若抢了上司的风头就太不明智了。

当年，作为法国国王路易十四的财政大臣的富凯，自诩精明能干，深得国王赏识，便在首相马萨林去世时，胸有成竹地认为自己一定会被任命为继任者。结果，令他意外的是，国王竟然下令废掉了首相的职位。

富凯怀疑自己失宠了，就精心策划了一场奢华的宴会，试图讨国王的欢心。当时，欧洲最显赫的贵族和一些伟大的学者们，纷纷出席了宴会，饕餮盛宴让宾客们大开眼界，莫里哀甚至为了这次盛会写了一出剧本，还亲自进行了表演。

宴会持续到深夜才结束，宾主尽欢，所有人都觉得这是一件值得赞颂的盛世。可是，富凯失算了，这次盛大的宴会不但没有换来他想要的结果，而且还断送了他的前程。第二天早上，富凯就被国王以侵占国家财富的罪名囚禁了，在一所与世隔绝的监狱里度过了生命中最后的时光，可悲可叹。

用富凯的悲剧来诠释"为何不能抢上司风头"，兴许是最容易理解的了。国王是君主，他希望自己永远都是万人瞩目的焦点，凌驾于所有人之上。异想天开的富凯，自以为举办盛宴可以讨得国王的欢心，却不知道在国王看来，这是故意在炫耀，甚至掩盖了他的王者光芒。试问，国王怎会容忍这样的臣子在自己身边争锋抢上？

回归到职场，道理一样是相通的。上司之所以能成为上司，必然有他的过人之处，身处特殊的位子，在付出各种辛苦之后，也会有一种渴望做主角的欲望。有出风头的机会和场合，自然应当把上司推到前面，而不是自己在那里好大喜功、夸夸其谈。倘若不懂得迎合上司的心理，在言谈举止上不加以收敛，得到的只能是一时的光彩，根本无法在职场长久的立足。

女人在职场打拼，不仅要培养工作能力，还得学会在上司面前掩饰你的能力。很多时候，把功劳让给上司，放低自己，才是最明智的捧场，最稳妥的自保之道。

安静是个很有才气的女孩，毕业后进入一家杂志社做编辑。由于独特而不俗的思想，她策划的几个专题深受读者喜欢，前段时间还得了一次创意奖。社里开会时，社长特意把安静当成典范来说，最后还让安静说说这次获奖的感受。

机灵的安静虽然涉世未深，可她看得出来，社长在夸奖自己的时候，主任的脸色不太好看。为了照顾主任的面子，她特意当着领导和同事的面儿说："在各位领导和同事面前，我只是一个新人，这次能获奖主要得益于我们主任。刚从事这一行，很多地方我都不够专业，可以说是孙老师手把手将我带起来的。如果没有她的指导，和其他同事的帮助，我的这些专题不可能做得这么精致，毕竟我对市场、对读者需求把握得不够准确。这次得奖的人是我，可我觉得这应该是我们部门集体的功劳……"一番话说完，主任的脸上露出了喜悦的笑，其他同事也感觉沾了光。

女人要切记，不管与上司相处，还是与同事共事，做了某项工作之后有了功，一定要在言语上保持低调，高调炫耀会让你成为孤家寡人。尤其是在上司面前，尽显你所能了，你就会变成眼中钉。得了荣誉之后，放低自己，把光环让给上司，把众人的目光吸引到上司身上，不仅趁机讨好了上司，也让自己避免了麻烦。

少在背后说同事的长短

《伊索寓言》里阐述了这样一个道理：世界上最好的东西是舌头，最坏的东西也是舌头。因为这世间所有富丽堂皇的言辞都是舌头的功劳，而所有诽谤、中伤、恶意造谣的罪魁祸首也是舌头。

一个有修养的女人，自然知道管好自己的舌头的重要性，她们在为人处世时也必定会秉承一条原则——闲谈莫论人非。尽管有人常常以"谁人背后不说人，谁人背后不被说"作为背后议论他人的借口，但对于头脑清醒的睿智的女性而言，她们深知一旦破坏了这条原则，就难免被人冠上"长舌妇"的难听称号。

若是全职太太，赋闲在家，被冠上"长舌妇"顶多就是招人厌烦，可若身在职场，背后对同事品头论足，那就不仅仅是招人厌烦那么简单了，还可能会毁掉自己的前程。

陈露在一家私人诊所做医生，这里除了外聘的几位专家年岁大一些，其余的医生和护士大都是年轻人，工作之外的时间里，大家总会坐在一起闲聊八卦。

性格外向的陈露，上学时就是有名的"大嘴巴"，这个毛病到了上班后也没改掉。她一直以"知道得多"成为众人中的焦点，可最近她却郁闷了，有种"失宠"的感觉。

诊所里新来了一位小护士，模样俊俏，说话甜美，不少男同事都借机向她示好。陈露的风头被一个新来的小丫头抢了去，她心里很不痛快。也许是出于嫉妒，也许是不甘心，她总是留意着小护士的一举一动。这一留意不要紧，还真让她发现了"端倪"。

小护士经常会到院长办公室去，陈露透过玻璃窗看到，他们有说有笑，似乎不像在谈工作。更要命的是，有一次陈露竟然听到，小护士在向院长"撒娇"，说一定要准她的假。对陈露来说，这简直是天大的消息，不爆料一下绝对难以抚平她的好奇心。

很快，诊所里的人都开始议论纷纷，说小护士和院长之间有不正当的关系。一位追求小护士的男医生，得知这个消息后特别沮丧，一时间情绪激动给小护士发了一条短信，很不客气地指责了小护士，说没想到她这么善于伪装，在众人面前假扮清纯，如果不喜欢自己，就不要给了自己希望又想着别人。

小护士满腹委屈，第二天挂着眼泪来质问男医生，说他污蔑了自己。都说陷入爱情里的人智商为零，此刻的男医生和小护士俨然都到了情绪崩溃的边缘，男医生干脆直接质问小护士她和院长的关系，小护士拂袖而去，说他不可理喻。

事后，大家才知道，原来院长是小护士的表舅，两个人是亲戚。晚辈在长辈面前撒撒娇，想多得到几天的假期，也是很正常的事。这一切，却被不知情的陈露添油加醋地编造成了一场不可见人的绯闻故事。结果可想而知，不仅小护士心里怨恨陈露，就连男医生也对陈露无语了。

吃一堑，长一智。虽然之后没有人直接找陈露理论，可她自己也明白，这回的八卦真的得罪了人。幸好，同事都是本分之人，小护士也算是宽容有修养，没有把流言之事传到院长耳朵里。否则的话，自己不仅得罪人，还得面临失业的惨剧。

　　与男人相比，女人确实更喜欢闲谈，但拿什么作为谈资，却是一件值得深思和重视的事。尤其是在职场，你出于无心的某句话，在以讹传讹的过程中，不知道会演变成什么样，给别人造成多么严重的负面影响。真到惹出麻烦的时候，再来后悔，再去道歉，也没有任何意义了。对他人的伤害已经形成，绝不是简单的一句"对不起"就能抚平的。

　　更何况，在背后议论同事，也会显得自己的素质很低。一位旅美的女学者谈及背后议论的事，这样说道："我在美国和俄罗斯时，从来没有人在我面前说第三个人的坏话，我自己倒有时会犯这个毛病，在一个人面前对不在场的某个人说三道四。后来，有个俄罗斯的朋友告诉我：'在我们这个地方，和一个人议论另一个人的事是不道德的。'从那以后，我就把这个坏毛病彻底地改掉了。"

　　试想一下：一个穿着优雅的高贵女人，如果在背后窃窃私语、说别人的坏话，她在你心中的形象肯定会大打折扣。也许，有些女人在背后议论同事的目的，是因为个人情绪得不到宣泄，希望找一些"志同道合"的人。事实上，职场里有多少志同道合的朋友？你发泄情绪的对象很可能会成为你的竞争对手，就算没有成为对手，他也不会对你有什么好感。

　　背后议论同事是世俗的表现，是被人鄙夷的行为。想要在职场里做一个光明磊落、落落大方的女人，首先就要改掉背后说人的毛病。工作中，远离那些喜欢造谣生事的人，如果实在没办法躲开，他说什么你就装出倾听的样子，但不要加以评论，也不要再说给其他人听。同事之间有需要帮忙的时候，伸出援助之手，这是融洽人际关系的绝佳时机，但一定记住，距离产生美，你只要帮忙就好，不要过分关心同事的隐私。

　　若是自己遭遇了流言，也不必劳神动怒，暴跳如雷，这样根本于事无补，还会给上司和同事留下急躁的印象。在流言面前保持冷静，微笑对待，这比捶胸顿足、大呼小叫要好得多。

冷静之余，做一下自我反省：自己是不是不小心做错了什么？找到源头，寻求解决之道。若真的有错，不妨改正，及时制止流言；若是空穴来风，那不妨找出证据，澄清事实。有些时候，纷争和流言往往皆因利益而起，如果有必要，适当地放弃利益或是让自己置身"利"外，以退为进，自然可以击退流言。若是迎头而上，很可能中了对方的圈套，得不偿失。

身在职场，女人说话做事都要谨慎，尤其是跟流言沾边的事，切忌少沾染。少在背后说别人，也尽量不要让自己成为众矢之的，职场这条路很长、很远，唯有安静从容、不慌不躁地走下去，少惹纷争和麻烦，才能更好、更快地抵达心中的目的地。况且，在这个复杂的人际圈里，也只有那些少言是非、心如明镜的女人，才能成为众人欣赏和喜欢的对象。

第十章
说一场风花雪月，说一世安稳幸福

　　卡耐基说过："一个女人把全部的时间和精力奉献给她的家庭，她所扮演的角色，在一个星期之中所需要的各种才华，远比一个女演员在一次职业表演中所需要的各种技艺更多。"会说话的女人，会让自己化作家里的一朵解语花，成为最贴心的伴侣、最亲切的女儿和最知心的母亲。

再完美的爱情，也经不起唠叨

曾有人说："优雅的女人会让男人回眸，睿智的女人会让男人侧目，而让男人晕头转向的女人只有两种，一种是美丽与智慧并存的完美女人，一种是喋喋不休的唠叨女人。"

我们常说，会说话的女人受欢迎，此处所讲的"会说话"，指的是在合适的场合说合适的话，言谈有度，绝不是口无遮拦、不依不饶，喋喋不休。前者给人的印象是大度而有修养，后者给人的印象是市井而刁蛮。

在婚姻关系中，善意而有节制的唠叨，会让男人感受到一种被关爱的温暖，若是反反复复无休止的唠叨，就会让男人落荒而逃。不管彼此间的关系多么亲近，在久而久之的唠叨中，也会把所有的美好和情感消磨殆尽。

许多年前，法国的拿破仑三世——拿破仑·波拿巴的侄子，爱上了德伯女伯爵玛丽·尤琴，并和她结为连理。尤琴是个美丽的女人，当拿破仑三世的顾问挑剔尤琴的身世只是不显赫的西班牙伯爵之女时，拿破仑三世不满地反驳道："那有什么关系？我从未见过她这样的高雅、迷人的女士，就算全国人民反对，我也不后悔。我爱上了一位我敬重的女士。"

拿破仑和他的新娘，拥有财富、名利、地位、美丽、爱情和敬仰，俨然是浪漫爱情的极佳典范。可惜，这场爱情的圣火并没有燃烧多久，就只剩下了灰烬。虽然拿破仑让尤琴做了皇后，倾尽全力去爱她，可他无法阻止一个可怕的梦魇——尤琴的唠叨。

在嫉妒和猜疑的怂恿下，尤琴无视拿破仑的命令，甚至不允许他有个人隐私。有时，拿破仑在处理国事，她也会肆无忌惮地冲进他的办公室，或者闯进他的书房，大发雷霆。不仅如此，尤琴还会经常到自己的姐姐家唠叨哭闹，埋怨丈夫。

贵为法国皇帝的拿破仑，拥有无尽的财富与荣耀，却没有一处清净的安身之所。不过，尤琴的唠叨也没换来什么好的结果。莱哈德的巨著《拿破仑三世与尤琴——一个帝国的悲剧》中道出了这段婚姻的结局："从此以后，拿破仑经常三更半夜在一个亲信的陪伴之下，从一个小侧门悄悄溜出去，用一个小软帽遮住双眼，真的去找一位正在等他的美貌女士；或者去游览巴黎这座古老的城市，欣赏神仙故事中连皇帝也见不到的街道美景，呼吸本来应该拥有自由的空气。"

坐在皇后宝座上的尤琴，拥有着美丽的容颜与尊贵的身份，可这一切都无法抵挡喋喋不休的破坏力，在唠叨声中，爱情与美好荡然无存。可以说，唠叨是破坏爱情的所有恶毒手段中最可怕的一种，它就像毒蛇的毒液一样，侵蚀着婚姻的围城。

女人之所以喋喋不休，多数情况下是渴望通过这种方式来改变丈夫，希望他们按照自己意愿行事，唠叨声中有一大半是源自"爱"。所以，时常会有女人这样辩解道："如果你跟我没关系，我才不会说你。"在基于爱的情况下，女人想把男人变得更优秀，或者通过间接地抱怨男人哪里做得不好，希望他能够关注自己，或是体会到她的用心良苦。

可惜，90%的男人都不会"领情"。相反，他们讨厌女人没完没了的唠叨，也会暗自埋怨女人太麻烦。倘若女人继续喋喋不休，男人就会变得无所适从，日后很可能视女人的话为耳边风，变得爱搭不理，甚至熟视无睹。这样的结果，相信绝对不是女人的初衷。

Y男士算得上年轻有为了，在没有任何背景的情况下，靠着自己的努力在一家大型保险公司坐到了主任的位子。谁都知道，保险这个行业压力很大，也不好做，很多时候，他特别希望自己的妻子多给自己一些关心和安慰，能给他一个温馨的家庭环境，可以让他在劳累时作为休憩之所。

无奈的是，Y男士的妻子偏偏是个挑剔的人，整天打击嘲笑他，说他没什么大出息，抱怨不知什么时候才能买得起房子……这些话听得多了，Y男士心里觉得很泄气。以前下班他最想回家，现在一有空他就约朋友去外面喝酒吃饭，花钱买个"清净"。他跟朋友说，自己什么苦都能吃，就是受不了妻子整天唠叨，让他一点自信都没了。

一位西方著名的哲人说过："一个男人能否从婚姻中获得幸福，他将要与之结婚的人的脾气和性情比其他任何事情都更加重要。一个女人即使拥有再多的美德，如果她脾气暴躁又唠叨、挑剔、性格孤僻，那么她所有的美德都等于零。"

婚姻是一个共同体，但也需要彼此独立和自由。换位思考一下，如果他整天在你的耳边说这不准，那不行，给你制定各种条条框框，你不会感到疲倦吗？将心比心，男人也是一样。要想做男人眼里的完美女人，就要遵行一条规则：适度的关爱、适时的沉默。

学会用理解替代唠叨，尊重男人的思想，不要一开始就说个没完。试着用聊天的方式跟他展开交谈，多倾听他的想法，少唠叨埋怨。他心情不好时，就陪他安静地坐一会儿，这也是不错的选择。

学会保持冷静，发生不愉快时要注意说话的语气，不要唠叨埋怨个不停。如果你觉得这件事很重要，就心平气和地和他谈谈，在理智与平静的情况下，利用相互信任和合作的方式来消除它。会说话的女人懂得找好时机，用温柔的方式表示自己的想法。比如："你今天累了，你先休息，我不吵你，等你有心情的时候我们再说话。"

男人不是了解人心理活动的专家，更不是宽恕一切的神父。女人一定要明白，用酸的东西去做诱饵抓苍蝇，永远没有用甜的东西那么有效。哪怕现在的你，算不上一个舌灿莲花的女人，但也切忌成为一个唠唠叨叨的女人，多尝试用温柔的方式达到自己的目的，该沉默的时候就闭上嘴，婚姻生活才会平静、安详。

少一点数落，激发男人的热忱

　　纽约中央铁路公司已故总裁弗里德利·威尔森，曾在一次广播采访中，被问及如何才能获得事业成功，他回答说："我深刻地认为，一个人的经验愈多，对事业就愈认真，这是一般人容易忽略的成功秘诀。成功者和失败者的聪明才智其实相差并不大，如果两者实力相当的话，对工作富有热忱的人一定比较容易成功。一个具有实力而富有热忱的人，和一个虽具有实力但不热忱的人相比，前者的成功概率也一定会胜过后者。"

　　看过这番话，女人不妨联想一下自己的丈夫：他的工作态度是什么样的？是每天懒得去上班，遇到困难就往后缩；还是不管遇到什么，都不急不躁地去解决？然后，再联系一下自己是怎样对待丈夫的？是每天数落他不上进，认定他这辈子没出息；还是想办法激起他的热情，让他每天精神饱满地走出家门？

　　千万别小看这个问题，认为数落他两句没大碍，他的懒散、没热情都是他自己的问题。事实上，男人对工作的热忱，一半来自工作本身，一半则来自妻子的态度。会说话的女人之所以能够助丈夫一臂之力，让他越来越成功，不只是甘愿付出那么简单，而是她懂得寻找生活中的各个支点，借助它们的存在去成就丈夫。

　　午间休息时，路倩看到几位男同事在露台抽烟闲聊，其中一位说：

"我媳妇天天唠叨我，说我没本事，想起她那副样子，我都不愿意回家。有时候，弄得我连工作的心情也没了。心想着，我就这样了，你怎么着吧？"另外一个男同事，随声附和着，说："难道你不知道，唯女子与小人难养也？"

这还是路倩第一次听到男人们"八卦家常"，她忽然想起了自己的丈夫，想到他是不是在单位里也跟同事发这样的牢骚？因为她经常数落丈夫，说他懒，说他不上进。现在想想，也许他今天的不思进取，就是因为自己平时总打击他才导致的。想到这里，路倩觉得有点惭愧，也决定换种方式对丈夫。

晚上下班后，路倩做了丈夫喜欢吃的菜。吃饭时，她认真地对丈夫说："其实，我觉得你挺优秀的，能遇到你是我的福气。"丈夫先是愣了一下，对她异常的言谈感到迷惑，但很快他又笑了笑说："我一直都挺优秀的，别人都这么说，就是你没发现。"

路倩接着老公的话茬儿说："嗯，你比我们公司那些男人有能力多了，有的人混了四五年还是原地不动。你就不一样了，才两年就成了部门的主任。""可我在这职位上也好久了，还没晋升。""别着急，你肯定会升职的，只是需要一个合适的机会，展示出你的潜力。年轻人，我看好你！"路倩跟老公半开玩笑地说。这番话，说得丈夫欢喜不已。

后来，路倩很少数落老公，经常捧着他。她发现，丈夫对工作越来越上心，以前总念叨工作心烦，现在却很少说"无聊"这样的字眼儿了。偶尔，还跟路倩谈谈工作的心得，俨然是一副孜孜不倦、追求卓越的成功男人的架势。

耶鲁大学教授威廉·费尔波，在他的一本著作中写道："对我来说，教书凌驾于一切技术或职业之上，我认为这就是热情了。我爱好教书，正如画家爱好绘画，歌手爱好唱歌，诗人爱好写诗一样。每天起床之前，我就兴奋地想着有关学生的事……人在一生中之所以能够成功，最重要的因素就是对自己每天的工作抱着热忱的态度。"

男人需要一个能够帮他建立信心和增强抵抗力的妻子，唯有爱人经常地鼓励他，给他灌入积极的思想，让他对工作、对自己充满信心，他才会极为渴望成功，对自己所做的事爆发出无限的力量。所以，女人与其到外界寻求成功和财富，羡慕别人的成功，不如调动身边那个男人的热情，帮他挖掘出自身潜藏的宝藏。

刚结婚时，他们都是城市里的普通白领，没有自己的房子，出门坐公交车和地铁。丈夫总觉得，没有好的家境，没有过硬的关系，要想致富是件挺难的事。对此，妻子的看法却不一样，她对丈夫说："我们现在是一无所有，可不该怨天尤人，平庸的人一辈子没本事，那是因为他缺少野心，他对成功没那么'喜爱'。"

妻子经常说这样的话，丈夫听得多了，那种迫切想要成功的欲望也变得强烈了。他不想再继续这样下去，便开始努力工作，寻找合适的机会。十年之后，他已经从一个普通白领，成了一名职业经理人。他总说，是妻子激发了他的野心，激发了他对成功的渴望，让他对可能促进成功的每件事、每一个机会都充满了激情，一步步走到了今天。

没有热情，就没有动力，没有动力，就不可能有成功。女人在期盼男人成功的时候，要记住这样一个道理：男人的青春是从女人身上焕发的，没有女人给男人阳光般的温暖，男人就不会永远沐浴春晖，就永远不可能做到春风得意。

告诉他：我永远支持你

许多女人见爱人未曾达到自己的要求时，总是怂恿着丈夫换工作、改行，希望他们能尽快改变现状，获得更好的发展。可惜，这样的结果，却总是让事情变得更糟糕。她们缺少耐心和定性，总显得太过焦虑和躁动，而这些情绪往往会表现在语言上：给丈夫泼冷水，否定他现在做的事，打击他的想法和希望，每天给予的都是挑剔。如此一来，弄得男人很是烦躁，垂头丧气，甚至破罐子破摔。

我们都曾听过这句话：一个成功的男人背后有一个默默无闻的女人。这个"默默无闻"，其实说的就是，在对待男人的事业问题上，女人要沉得住气，要在内心保持两个态度：相信和支持。只要内心坚定了，语言上自然就会"默默无闻"，因为她知道自己该做什么。

刘永好是有名的富商，他今天取得的辉煌事业，与他太太当年的大力支持有很大关系。刘永好的爱人名叫李巍，她在回忆往事时是这样说的——

"起初，我的家人和朋友都不看好我跟刘永好在一起，他们觉得，刘永好出生在一个小县城，学力不高，跟我不相配。可那时，我却顾不得这些。相识半年后，我们就结婚了。家里最奢侈的东西，就是我攒了几个月工资买的那块英纳格女表。结婚那天，我们请不起客人，就买了六七斤的水果糖，挨家挨户地发。

　　"那年，我跟着刘永好回老家过年，他的三个哥哥和嫂嫂带着孩子们都回来了，公公因为长期心情压抑，病得不轻，那时刘家兄弟每人每月给老人5块钱，可最终老人还是走了。当时，我跟永好的工资加起来是79元，日子过得也不宽裕。吃过年夜饭，兄弟几个谈论起赚钱的营生，说市场上的鹌鹑蛋虽然个头小，可卖得价格比鸡蛋还贵，而且供不应求，不少农民都靠它发了家。

　　"这时，不知道谁说了一句'我们也养鹌鹑'，引起了四兄弟的兴致。后来，我们就养起了鹌鹑，不仅在老家养，在我们的阳台上，也搭建了饲养棚养了300多只鹌鹑。每天课间休息时，他都要回家给鹌鹑清理粪便。

　　"当时，邻居们都很不解：两口子一个是老师，一个是医生，日子也过得去，干吗为了一点蝇头小利在单元楼上养鹌鹑，真是有辱斯文。

　　"鹌鹑蛋越下越多，销路成了问题。刘永好跟着三哥跑市场，沿街叫卖。途中，碰到了他的一些学生，当时的他是个教师，沿街吆喝卖鹌鹑蛋，在学生眼里是不可思议的，永好自己也觉得很尴尬。他窘迫地低着头，晚上回来也无精打采的。我知道了缘由后，对他说："抬起头来，甭管别人怎么看、怎么想，经商不低贱。在西方社会，衡量一个男人成功的标准，是看他创造了多少财富。

　　"永好抬起头看着我，眼里充满了感激。我知道，男人其实挺脆弱的，他当时需要的就是一点理解和信任，我的支持对他来说非常重要。不久之后，永好辞掉了教师的工作，在成都青石桥开了一个鹌鹑蛋批发门市部，每天5点就起来骑着摩托车去销售，晚上才回来。刘家兄弟的鹌鹑蛋生意越做越大，青石桥门市也搬到了城里的风动市场。从1982年的1000块钱起家，到了1988年，仅仅用了6年的时间，他们四兄弟就赚了1000万元。"

　　从那以后，刘永好四兄弟就走上了中国的富商之路。

任何一个男人都需要支持，因为从他迈出家门的那一刻开始，就必须在外面的世界里艰苦打拼。对他们而言，生活更像是一场战争，谁都不能置身事外。他的领导可能随时有可能给他发一张"辞退信"，转眼间让他沦为失业大军的一员；他的同事可能处心积虑，随时想要把他取而代之；他开车出门在外，随时可能会遭遇事故，让他来不及防范。

男人的生活里处处都有压力，也必须时刻提防着"危险"，保护好他所拥有的一切。巨大的压力背负在身上，他会累、会倦，只是不会轻易挂在嘴边。但他心里，是希望有个人支持自己的，给他勇气继续前行。

亨利·福特年轻时，曾在密西根底特律的电灯公司当技工，他每天要工作19个小时，拿到的工资却很少。有一天，亨利突发奇想，他希望研究出一种引擎，安装在马车上。为了实现这个想法，他每天下班后都会在一个旧工棚里搞发明。

父亲和周围的邻居觉得他是在"犯傻"，浪费时间。但是，妻子却始终站在他一边，她对亨利说："不管你做什么，我都支持你。"冬天的时候，天黑得很早，为了能让丈夫顺利进行发明，妻子每天提着煤油灯给他照明。她的手冻得发紫，牙齿上下颤抖，可她没说过一句埋怨的话，她相信，丈夫一定会成功。

这样的日子，过了三年。1983年，快30岁的亨利在那个破旧的工棚里，研究出了从未有人见过的引擎。那天，邻居们听到了一串奇怪的声音，透过窗口他们看见亨利·福特和他的太太，坐在一辆没有马的马车上，那车子摇摇晃晃，竟然能够自己拐弯。一个新时代，就这样奇迹般地诞生了。

50年后，福特先生被问到一个问题："如果有来世，你希望变成什么？"

亨利·福特回答："什么都无所谓，只要能和我太太一起生活。"

好女人永远不会人云亦云地怀疑自己的丈夫，更不会让他承认失败，即便丈夫一次次摔倒在地，她们也会坚定地告诉丈夫："我会一直支持你。"看似简单平常的一句话，却能消除丈夫所有的沮丧，让他重拾信心。

会说话的女人聪慧之处就在此，她不曾代替丈夫去做什么，但她们有足够的耐心，去等待男人的成长，在细微之处给予他鼓励，让他心无旁骛地朝着目标去努力；她们有足够强大的力量，激起男人的勇气，让他们勇敢地去面对问题，充满必胜的决心。

轻轻的赞美是最温柔的鞭策

上帝赋予男人改造世界、影响世界的力量，与此同时，它又赋予女人更神奇、更微妙的力量，这种力量丝毫不逊色于男人的力量。聪明的女人，会利用这种力量，支撑着男人完成一个又一个任务和挑战。上帝赋予女人的这种力量，就是赞美。

有句话说得好："女人要哄，男人要捧。"世上没有不喜欢听甜言蜜语的女人，也没有不憧憬玫瑰花和烛光晚餐的妻子，女人习惯把撒娇、眼泪作为武器，换来男人的宠爱。就算再大的怒火，遇到丈夫的温柔体贴、深情拥抱，也会烟消云散。

对于男人来说，甜言蜜语不那么重要，他也不需要时刻有人宠着，因为他心里认定自己是个顶天立地的汉子，他要的是女人给予的尊重和赞美，还有一点小小的崇拜。

当男人听到女人说"你真行啊"、"能跟你一起真是幸福"、"你挺有实力的"之类的赞美话，他表现得再不屑一顾，心里也是乐开了花的。如果说，男人想成为一棵参天大树，那么女人的赞美就是助他枝繁叶茂的肥料；如果男人想成为一匹千里马，女人的赞美就是激励他扬蹄奔腾的温柔鞭子。

乔·吉拉德是世界第一汽车推销员，他很小的时候，母亲就不停地暗示他："你是世界上独一无二的，你是最伟大的。"这些鼓舞人心的话，帮乔•吉拉德塑造了信心。

成年后，乔•吉拉德结婚了。当时的他，真的是一无所有，但妻子茱莉亚的存在却让他的内心很满足。每当乔•吉拉德在工作上遇到挫折，拖着疲惫的身子回到家时，茱莉亚总是给她细致的关怀，她最常说的一句话就是："乔，你是最棒的，你一定行。在我心中，再没有哪个男人比你更出色了。"

听到这样的话，乔•吉拉德感到莫大的欣慰。他心里充满了感恩，因为妻子没有因为自己贫困潦倒、事业没有进展就唠叨他，就离开他，而是一直在用欣赏的目光看待自己，相信成功只是时间问题。

经过几年的努力，乔•吉拉德的事业有了很大发展。他的汽车销售业绩，连年创新高。原本穷困潦倒的穷小子，已经成了有车有楼的中产阶层。他和茱莉亚，还有他们的两个孩子，一家四口过着温馨的日子。

天有不测风云，人有旦夕祸福。一次生意上的突变，让乔•吉拉德欠下巨债，法院下令要没收他的房子，银行要收回他的车子。因为担心车子被没收，他把车子开到离家几里外的地方，偷偷地从后门进屋，害怕碰见那些追债的人。尽管如此，他的房子、车子最终还是被没收了。

乔•吉拉德又回到一无所有的样子。他的精神受到了巨大的打击。这时，如果妻子再离开他，他肯定就彻底颓废了。可是，茱莉亚没这么做，她搂着乔•吉拉德说："我和你结婚的时候，也是空无一物，可后来我们就有了一切，那都是你创造的。我相信你的能力，也相信你能走过这段低谷，因为你是最棒的。"在这种精神动力的推动下，乔•吉拉德从零开始，一步一步地又攀上了事业的高峰，并连续8年荣获世界第一汽车销售员的称号。

人都有一种依靠外界强加给自己的性格去生活的倾向。如果你不失时机地称赞、夸耀一个男人，给他鼓励，就能不断地给他输送力量，推动他尽力朝着好的方向发展。当然，不要只在男人顺风顺水时给他锦上添花的赞美，在他穷困潦倒时你的赞美和欣赏才更有雪中送炭的意义，也是他最需要女人发挥语言艺术的时候。

有人曾说过："逆境和敌人可以打断男人的脚，女人的愚昧和刻薄却能毁掉男人的求生意志。当男人没有了求生意志，就算手和脚再好也只是行尸走肉；如果男人有旺盛的求生意志，就算没有脚他也能勇敢地活下去。"

刚刚转行做销售的刘杰，第一次电话拜访客户就遭到了无情的拒绝。整整一个上午，他打了几十个电话，但多数顾客对他们的电子产品都不感兴趣，有的干脆直接挂机。尽管如此，他还是在心里默念：肯定会有顾客需要。

一个月之后，刘杰付出的努力都付诸东流，没接到一个订单。刘杰想到了辞职，他觉得自己很无能，这种无能让他感到害怕、紧张、忧虑。回家之后，他努力表现得像往常一样，可他少言寡语的状态，却瞒不过妻子的眼睛。

妻子问他："是不是工作上遇到什么事了？"

刘杰说："我不想做了，感觉赚不到钱，客户也不好拉。"

妻子看着他说："别这么快就放弃，你挺有亲和力的，口才也不错，真的很适合做销售。只不过，万事开头难，所有做销售的人都得经历这样的阶段，这也是在积累经验。坚持做下去，给自己定一个长期的目标，我相信你能做好。你在我心里，永远都是最出色的那个人。"

在妻子的赞美和鼓舞下，刘杰不再着急焦躁，他对自己说："先努力做上一年，再看结果。"这一年里，他四处奔波，打了上万个电话，敲开了一扇又一扇门。凭借着耐心和坚持，他的销售业绩不断提升。两年以后，他已经成为公司销售额最高的业务员，业绩再积累一下，就能够成为业务经理了。

对此，刘杰很感谢妻子，他说："如果不是她相信我，说我有这方面的才能，我可能早就放弃了。她的信任也给了我信心，我想坚持去做肯定能达到目标。"

《圣经》上说："每个人都希望拥有信心，因为它能够为我们看不到的东西做证明。"

妻子对丈夫有信心，用特殊的视觉角度去看，就能发现他身上潜藏的特质。这种信心，通过用赞美和支持的语言表述出来，也就给了爱人以无穷的力量。其实，男人最需要的就是这样的妻子。

什么话都要心平气和地说

世间最温暖的莫过于贴心之话，世间最冰冷的莫过于伤人之言。在这个浮躁的年代，心平气和地沟通变得越来越难，愉悦的家庭氛围也离生活越来越远。面对名利地位、财富欲望的诱惑，太多女人显得不够淡定，心里只想着生活能一夜之间得到改善，而对丈夫的态度除了埋怨就是数落，不管遇到大事小情，从未想过坐下来好好谈一谈。似乎，在她们眼里，夫妻间已经太过熟悉和了解，不需要再沟通；在她们心里，认定了丈夫就"这样"，改变不了。

阿波是一家广告公司的创意文案，每天的工作压力非常大。即便下了班，他的脑子也会不停地想那些没有敲定的方案。妻子不太理解阿波的工作性质，她满脑子想的是："我每天这么辛苦，你却一句安慰的话都没有。"看到阿波苦思冥想的样子，她总是说："你累得倒挺像一个成功人士，赚得还不如快递员多。"

她心里嫌弃阿波没有给自己足够的关心，可话说出来，完全不是想要表达的意思。阿波听了这样的话，自然很恼火，他想的是："我容易吗？累成这样，还不是为了这个家！"好几次，他们都因为这事争吵不休。

渐渐地，阿波宁愿在办公室加班，也不想回家。有时，甚至好几天都不回家。妻子打电话给阿波，言语里没有任何关心的成分，有的只是质问和指责，说他整天不着家，不负责任。这样的吵吵闹闹，弄得阿波疲惫不堪，工作效率也直线下降。毕竟，动脑子的活儿，需要的就是一个安静的环境，还有一颗平和的心。

最后，阿波实在受不了吵闹的日子，向妻子提出分居。他不忍直接说离婚，因为他心里对妻子还有爱，只是他真的不知道，这段婚姻路该用什么样的方式继续走下去？

夫妻之间的一句话，可能引起争吵，也可能促成和好；可能会是锥心刺痛，也可能是满心欢喜。阿波为事业辛苦忙碌，妻子没说过一句鼓励和支持的话，反倒是挑剔他、挤对他，相信任凭是谁，也受不了爱人这样的冷嘲热讽。一段婚姻走到了分居的地步，并没有情感上的特殊矛盾，完全就是因为"话不投机"。

经营婚姻不是一件容易的事，与爱人沟通、提建议也要讲方法。就拿阿波的问题来讲，用温柔的语调告诉他："看你这么辛苦，我真担心你把身体熬坏了。虽然我知道你是个上进要强的人，可我更喜欢有一个健康、每天笑呵呵的丈夫。"这番话，听起来肯定要比"你不如快递员赚得多"舒服得多。更重要的是，这种平和而有力量的支持，也会给他的工作注入激情，让他没有后顾之忧。其实，男人都是很聪明的，你的关爱和提醒，他会记在心上，你对他的好，也会让他不忍心冷落你。

艾米结婚快十年了，有个可爱的女儿，物质生活上也挺富足，唯一让她苦恼的就是，丈夫总是忙于工作，有时连续几天住在公司，电话也不打一个。艾米曾经多次提醒丈夫，多给家里打打电话，可丈夫老是拿没时间作为理由。

一天晚上，艾米吃过晚饭后带着孩子去小区附近的健身场玩，故意没给丈夫留晚饭，还把手机丢在家里。等到她回家时，看见丈夫的公文包在沙发上，人却没在。过了一会儿，丈夫回来了，气急败坏地冲着艾米喊：

"你去哪儿了？电话也打不通。我以为你们出什么事了。"

艾米心里很得意，却装作很不在意，答道："你也知道着急啊？你经常不接电话，让我找不到。我难道就不担心吗？"丈夫听后，一句话也没说。见此情形，艾米又缓和了语气，说："我知道，你事业心重，这一点我也挺欣赏你的。可你再拼，也要处理好事业和家庭的关系。工作之余，你能多陪陪我跟孩子，我们的生活会更好，我也会把'贤内助'做得更好。"

那次谈话以后，丈夫确实改变了许多。

艾米故意设计了一个"局"，没有大发雷霆地吵闹，却让丈夫体会到了自己平日里的感受，改善了夫妻间的关系。相比之下，那些指着丈夫抱怨了一辈子却还得与之共同生活的女人，显然是不够聪明。很多时候，试着改变一下说话的方式，变换一个字眼儿，就能让表达的意思迥然不同。

美国西雅图葛特曼研究院创建者、《婚姻美满的7条准则》一书的作者、哲学博士约翰·戈特曼认为：轻蔑会加快婚姻的崩溃。感情不和的夫妻之间，最明显的征兆之一就是，不管丈夫说什么，妻子总是不屑一顾，或是面带挖苦地说："就知道你会这么说。"虽然没有直接责难，却等于在用另一种方式说丈夫愚蠢。所以，这样的话坚决不能说。你可以试着，语气真诚一些，考虑丈夫的感受，然后表明你希望他怎么做，以此来解决问题。

对他有什么不满的地方，别列出一大堆抱怨和委屈的清单，要强调他的行为带给你的感受，而且一次沟通只谈一个问题，比如："我想跟你说，你每天下班只顾着打游戏，我觉得挺难受的。"这样说来，势必比"我真受不了你了"要好得多。另外，说话时不要用"总是"或者"从不"这样的字眼儿，要知道这些字眼儿出现时，丈夫是不可能和你进行正常交流的，因为它表示着全盘否定，意味着责任全在于对方，而与你没有任何关系。

最后一点，别吝啬对丈夫的肯定和感激，这会让他乐意继续坚持下去。幸福的夫妻，深谙彼此欣赏的重要性，他们会经常互相赞美，哪怕是细枝末节的地方，也不忘说声谢谢。夫妻相处时，把爱、尊重、理解、包容时刻融在话语中，几乎所有问题都能够得以回避和改善，这样一来，婚姻关系也能日趋和谐。

跟婆婆说话，体现尊重和关心

　　都说恋爱是两个人的事，婚姻是两个家庭的事，此话一点都不掺假。多数女人心里都明白，嫁为人妇，进了别人家的门，就有了"双重父母"，想要日子过得安稳太平，就得处理好婆媳关系。尤其是在现代"单独"的家庭里，婆媳之间若不能和平共处，婚姻生活就会变成一种煎熬，对自己、对公婆、对丈夫，都会造成心理上的压抑感。

　　当然，并非所有的家庭都存在婆媳矛盾，毕竟生活在于经营。家不是讲理的地方，而是讲爱的地方，想要跟婆婆相处得好，首先从心理上就要理解婆婆。世界上没有不对的父母，即使有的时候，她很啰唆、很麻烦，与你的观点和思路总是格格不入，但你要知道、要相信，她的出发点绝对是好的。两代人的思维和生活方式不同，在简单的生活琐事上就不要斤斤计较，多点理解，少点埋怨，很多口舌之争就都能避免了。

　　对女人来说，家里的日子仅仅太平还不够，重要的是和睦融洽，与婆婆建立起感情，赢得婆婆的欢心。某蛋糕房曾经有过一位女客人，在丈夫生日的时候，定了一个双层蛋糕，还准备了两份礼物。她和朋友说，这两份礼物，一份是给丈夫的，一份是给婆婆的，感谢婆婆生下了他，并把他交给了自己。我们虽未亲眼目睹这样的情景，可单凭她说的几句话，就足以令旁人感动了，更何况是婆婆呢？

感情都需要沟通，这一点对于任何情感都适用。平日里，女人不仅要多花点心思孝敬婆婆，还要在说话上下功夫。婆婆是丈夫的母亲，你爱你的丈夫，就理应爱你的婆婆，把她当成第二个母亲来对待。

对待父母长辈，尊重和关爱自然是少不了的。作为儿媳，说话一定要有分寸，切不可在言语中带有怠慢和不恭；若是婆婆年事已高，身体不好，多点细心的照顾，千万别说嫌弃婆婆的话。你的付出，婆婆都看在眼里，记在心里；你的孝顺，也必然会赢得婆婆的真心与感激，视你为女儿。有了这样的感情基础，彼此间的矛盾必然就少了。

婆婆虽不是亲生母亲，可她却生养了你的爱人。作为儿媳，要怀有一颗感恩的心，在言语上多关心婆婆，多跟她说一些体贴的话。世人常说，人心都是肉长的，你对她好言好语，她自然也不会冷若冰霜。遇到一些和家庭有关的事情，记得跟婆婆说一下，就算她不拿主意，也要让她参与其中，表示出你对她的尊重。你拿出真心诚意了，婆婆又怎会亏待你？

老人跟年轻人生长的年代不同，对许多事情的看法也不一样，这是一种必然，无须苛责埋怨。就算有时婆婆说了什么不当的话，也要给予理解，毕竟是自己家人，她只是观念上没有更正过来，并非有什么坏心。

自从结婚后，美丽就跟丈夫搬到了他们的新家，只是周末有空会去看看公婆。因为丈夫是家里的独生子，婆婆对他特别宠爱，时常挂念儿子，而且在她的观念里，做家务就是女人的事，照顾男人也是女人的责任。

某个周末，小两口去了公婆家。婆婆当着美丽的面儿，冲着儿子说："怎么才一周没来，你就瘦了？是不是吃得不好，太累了？"虽然婆婆没有明说，可美丽听得出来，她就是责怪自己没有尽到媳妇的责任，没照顾好她的儿子。

幸好美丽是个识大体的姑娘，面对婆婆的无礼责难，她没有反驳，而是顺着婆婆的话说："妈，最近我一直加班，家里确实没怎么开火，都怪我。放心吧，从明天开始，我给他加强营养，过不了多久就胖了。"

到了下个周末，美丽又跟丈夫回了婆婆家。一进门，美丽就拉着婆婆的手说："妈，这礼拜我给他做了五顿肉、一顿鱼，还炖了一回鸡，鸡蛋、牛奶每天都吃，可他好像还是没长肉，您看看……这可怎么办？"

婆婆也是明白人，知道美丽说这番话的意思，连忙接过话说："他就是这样，吃什么也没用，依我看，就是遗传！你看他爸不也这样？"说完，全家人都笑了。

遭遇婆婆的责备时，美丽没有据理力争，而是主动承认了自己照顾不周，在情绪上抚慰了婆婆。之后，又巧妙地借机让婆婆知道，有些事情并不都是自己的错，解开了婆婆对自己的误会，避免了矛盾的激化。

有些儿媳妇心里对婆婆不满，却不肯当面沟通，而是到外面跟别人说三道四。俗话说，家丑不可外扬。婆媳之间闹矛盾，本就不是什么光彩的事，要是再把这些事说给邻里听，成了他人茶余饭后的谈资，或者再添油加醋之后传到婆婆耳朵里，势必会让问题变得更糟糕。

既是一家人，生活在同一屋檐下，都本着同样的目标，那就要坦诚相待。有什么问题，以真诚的态度、善意的动机把自己心里的想法说出来，彼此协商，不是要争论出谁是谁非，而是要统一思想，把问题消除，让家里的氛围变得祥和。

要想婆媳感情好，媳妇的嘴巴一定要甜。进门热情地叫一声"妈"，出门辞别时也说一声"妈，我走了"，别小看这两声称呼，它足以让婆婆感受到你对她的亲切。老年人社交活动有限，很少跟别人交流，平常下班回家，不妨多跟婆婆说说社会上的新闻、工作上的事情，多点沟通和交流，彼此的感情就能渐渐升温。

沟通，永远是打开心灵最合适的那把钥匙。多点理解和尊重，只要你真心去对待婆婆，你也会得到她的真心。别忘了，幸福是把握在自己手里的。

蹲下来与孩子平等对话

曾经看过一篇名为"蹲下身子和孩子说话"的文章，至今记忆犹新。

一位年轻的母亲每次带着儿子逛商店，儿子总是哭闹不止，怎么都不愿意进去。母亲百思不得其解：商场里的东西五花八门，琳琅满目，孩子的好奇心那么强，为何会不喜欢在商场里待着呢？

偶然的一次机会，这位母亲带孩子逛商场时，孩子的鞋带开了，她蹲下身去给儿子系鞋带。这时候，她突然发现：孩子那么矮小，还没有柜台高，他根本就看不到琳琅满目的商品，他的眼里只有大人们的一条条腿和一双双大手，一个个样式不同的背包，时不时地磕碰到他弱小的身体和娇嫩的脸蛋。

年轻的母亲恍悟。此后，她只带孩子去能够直接看到商品的超市，孩子也变得快乐起来，每次都乐于跟母亲出门。

这篇文章刊登后，引起众多母亲们的共鸣与深思。不少女人感慨，自己从前在教育孩子时，总习惯对孩子发号施令，摆出一副大人的架子，把自己的主观意愿强加在孩子身上，根本没有顾虑到孩子内心的感受。一旦孩子没有做到自己预期的样子，就会对孩子感到失望和不满，强制孩子按照自己的要求做事，闹得亲子间的关系越来越疏远，越来越僵硬。

一个小女孩蹲下来对着一盆不知名、却开得很漂亮的花说话。她的妈妈走了过来，问女儿："你在对花儿说什么呢？"小女孩回答："我跟它们说，它们真好看。"

妈妈很惊讶，问道："那你为什么蹲下来说呢？站着说不一样吗？"

小女孩说："那怎么能一样呢？花儿那么小，站着说话它怎么能听得见呢？对花儿说话，一定要蹲下来，在花儿面前轻轻地说，它才不会害怕，才会听到啊！"

童言无忌，却道出了最真实的心声和需要。在弱小的花儿面前，孩子扮演的就是一个"大人"的角色，她对花儿说话的态度，映射出来的就是希望大人对待她的态度。蹲下来，轻轻地说，它（她）才不会害怕，才会听。

美国精神病学家威廉·歌德法勃说过："教育孩子最重要的，是要把孩子当成与自己人格平等的人，给他们以无限的关爱。"

时常用大人的口吻、家长的姿态与孩子说话，只会招致孩子的反感。唯有像朋友一样对待孩子，才会让孩子从内心接受你所说的一切，因为他感受到的是平等与尊重。要成为一个善解人意、能与孩子成为朋友的母亲，就要蹲下来与孩子沟通。你的位置和角度要跟孩子一致，你的思想观念要与孩子在同一水平线上，了解他们的思想，用孩子的眼光去看世界，你才有可能真的知道他们的所思所想。

某幼儿园园长，亦是一位深谙亲子沟通之道的母亲，她说自己经常会看到这样的一幕：孩子做错了事，家长劈头盖脸地训斥孩子："你做得不对，怎么又错了？"每每这个时候，她都会提醒家长，要委婉地跟孩子沟通，把指责换成一种平等的沟通，比如："你再想想，还有没有其他的办法呢？"用引导和启发的方式，远比直截了当地批评否定要好得多。

她还讲到，有些孩子报了绘画班，画了一张稚拙的画，年幼的他们却沉浸在自己的幻想和喜悦中，兴致勃勃地拿给家长和老师看，希望得到夸奖。这时候，如果师长对他的画不屑一顾，说："画得什么呀，四不像。"孩子的积极性就会受到打击，在这一点上，他们和成人是一样的，同样有自尊，有被人欣赏和赞美的需要。

园长说："如果遇到会沟通的妈妈或老师，她们肯定会把孩子的画拿过来认真地看看，猜猜他们画的是什么，让孩子讲讲他的想法，然后肯定他的'杰作'，说'你画得真不错，很有想象力'，遇到有问题的地方，委婉地提出建议，比如'如果这个地方稍稍改一改，就更好了'。如此一来，孩子就会乐意听从你的建议，充满兴趣地继续画下去。"

要做一个善于跟孩子沟通的妈妈，一定要有足够的耐心。也许，有些问题孩子不一定能够很快的理解，你要帮助他慢慢地去认识，毕竟成人与孩子之间的年龄、心理和思想感情都有差异，理解需要过程。

同样一句话，换一种不同的方式来说，效果就会截然不同。孩子虽小，却也是独立的个体，应该得到父母的尊重。试着蹲下身子去看看，孩子的视野里究竟是什么？用孩子的目光来眺望世界，不要把自己认为的"对"与"错"、"好"与"坏"强加给孩子。

"蹲下来"，是要妈妈放低姿态，用平等的身份对待孩子，跟孩子交流，建立彼此信任的关系，成为孩子的朋友，不要总强调自己的观点和尊严。

"蹲下来"，是要妈妈平视孩子，不要站着跟孩子讲话，也不要用命令的语气显示自己居高临下的地位。否则，孩子很可能只是表面尊重你，内心却跟你有疏远的感觉。

"蹲下来"，是要妈妈从精神到心理上都要平等地对待孩子，了解孩子的难处，从根本上为孩子提供帮助，而不是打骂批评。

每一个成为母亲的女人，不妨都来重温一下黎巴嫩诗人纪伯伦写的那首诗："您的孩子并不是您的孩子，他们是生命之火的儿女；他们通过您来到人世，却不是您的化身；他们整天和您生活在一起，但并不属于您。"

孩子最向往的母爱，不是溺爱、宠爱、偏爱、私爱，而是平等和理解，你给了他想要的、需要的东西，他自会回报你所期待的一切。